はじめに

　ここ屋久島は、本州の南60kmの海の上にぽっかりと浮かんだ岩の島。山頂からは、豊かな水が流れ下り、黒潮がぶつかる海には、多くの生きものがやってきます。
　登山の印象が強い島ですが、奥山に分け入らずとも、木漏れ日のもと、飲めるほど清冽な川の水にじっと足をつけているだけで、もりもり元気が湧いてきます。
　私はこの島で育ち、現在は夫とともにコーヒーショップを営んでいます。店にいらした旅人と常連さんを交えて、旅のプランを話し合うみたいに、島に暮らす人々のふだんの楽しみを少しだけでもみなさんとシェアできたらいいなと、この本を作りました。
　川辺の岩の上で1時間、窓の外の雨を眺めながらカフェで2時間、気に入った場所に腰を下ろして半日過ごしたっていいんです。幹線道路に沿って、時計回りにスポットを紹介しているので、お天気と相談しながら、気になる場所を組み合わせて、自分だけの旅を見つけてください。
　初めての人もそうでない人も、あなたの"とっておき"の屋久島に出会えますように。

CONTENTS

- 6 はじめに
- 6 屋久島旅のプランニング
- 8 トラベルインフォメーション

area 1
- 10 永田・一湊・志戸子
- 12 永田・一湊・志戸子エリアマップ
- 14 屋久島灯台
- 15 柴とうふ店
- 16 丸勝水産
- 17 平海製菓
- 18 gatherhouse cafe キヨコンネガイ
- 19 ariga-to
- 20 一湊海水浴場
- 21 kiina

area 2
- 22 宮之浦
- 24 宮之浦エリアマップ
- 26 まむずきっちん
- 27 一湊珈琲焙煎所
- 28 日具
- 29 ふれあいプラザ やくしま館
- 30 パノラマ
- 31 やまがら屋
- 32 鉄板お好み焼き こもれび
- 33 椿商店
- 34 Restaurant & Wine Bar ヒトメクリ.
- 35 カフェギャラリー百水

area 3
- 38 小瀬田
- 40 小瀬田エリアマップ
- 42 村上ウッドワークス
- 43 古都蕗
- 44 やわら香
- 46 hiyoriya
- 47 Catch the Beer
- 48 樹林
- 49 イルマーレ
- 50 ぷかり堂
- 51 プコチュ
- 52 島cafe La・モンステラ
- 53 ル・ガジュマル
- 54 八万寿茶園
- 55 屋久島縄文ファーム

area 4
- 58 安房
- 60 安房エリアマップ
- 62 雪苔屋
- 64 武田館
- 65 小屋カフェ 日と月と
- 66 山岳太郎
- 67 きらんくや
- 68 屋久島漁協 特産品加工販売センター
- 69 スマイリー
- 70 Pon-Pon YAKUSHIMA
- 72 Warung Karang
- 74 じいじ家
- 75 さーや YOGA
- 76 埴生窯
- 77 散歩亭
- 78 屋久杉自然館
- 79 本坊酒造 屋久島伝承蔵
- 80 Uruka
- 81 けい水産

area 5

84 麦生・原・尾之間

86 麦生・原・尾之間エリアマップ
88 石窯パン工房 樹の実
90 sankara hotel&spa 屋久島 / ayana
91 屋久島ジェラートそらうみ
92 DAVIS
93 HONU
94 ぽんたん館
96 千尋のしずく
97 nomado cafe
98 食彩なからせ
100 パン・ド・シュクル
101 ペイタ

area 6

102 平内・栗生

104 平内・栗生エリアマップ
106 アナンダチレッジ
108 しずくギャラリー
110 SOLMU PUUT
111 新八野窯
112 海泉茶屋
113 珈琲はまゆ
114 屋久島フルーツガーデン パパイヤの里
116 屋久島青少年旅行村
117 大川の滝

COLUMN

36 春
56 夏
82 秋
118 冬

120 屋久島のおみやげ

124 おわりに

《 TRAVEL PLANNING 》
屋久島旅のプランニング

屋久島はほぼ山。九州最高峰の宮之浦岳を中心とした山々から流れ下る川の河口ごとに、集落が点在し、およそ100kmの幹線道路がぐるりと一周、各集落をつないでいます。この本では、幹線道路を時計回りに、おすすめスポットと各エリアの特徴を紹介しているので、目的に合わせて、自分だけの旅を組み立ててみてください。

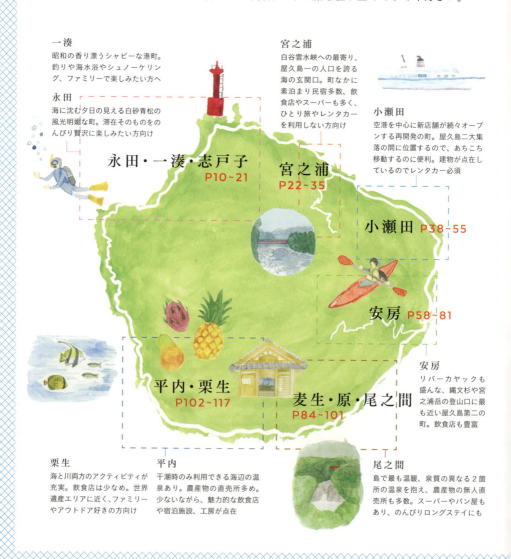

一湊
昭和の香り漂うシャビーな港町。釣りや海水浴やシュノーケリング、ファミリーで楽しみたい方へ

永田
海に沈む夕日の見える白砂青松の風光明媚な町。滞在そのものをのんびり贅沢に楽しみたい方向け

永田・一湊・志戸子
P10~21

宮之浦
白谷雲水峡への最寄り、屋久島一の人口を誇る海の玄関口。町なかに素泊まり民宿多数、飲食店やスーパーも多く、ひとり旅やレンタカーを利用しない方向け

宮之浦
P22~35

小瀬田
空港を中心に新店舗が続々オープンする再開発の町。屋久島二大集落の間に位置するので、あちこち移動するのに便利。建物が点在しているのでレンタカー必須

小瀬田 P38~55

安房 P58~81

安房
リバーカヤックも盛んな、縄文杉や宮之浦岳の登山口に最も近い屋久島第二の町。飲食店も豊富

平内・栗生
P102~117

麦生・原・尾之間
P84~101

栗生
海と川両方のアクティビティが充実。飲食店は少なめ。世界遺産エリアに近く、ファミリーやアウトドア好きの方向け

平内
干潮時のみ利用できる海辺の温泉あり。農産物の直売所多め。少ないながら、魅力的な飲食店や宿泊施設、工房が点在

尾之間
島で最も温暖、泉質の異なる2箇所の温泉を抱え、農産物の無人直売所も多数。スーパーやパン屋もあり、のんびりロングステイにも

島内の移動手段は？ *Transportation*

車社会の屋久島では、レンタカーがベスト。夏休みや連休には、すべて出払ってしまうこともあるので、ハイシーズンには事前予約を。一本道も多いので、コンパクトカーがおすすめです。バスやレンタサイクル移動の場合は、宿泊先選びが肝要。

宿泊は？ *Hotel*

レンタカーの場合、選択肢は島中に広がります。ひとり旅に優しい宿、キッチン付きの宿など、島には小規模な宿が無数にあって、それぞれ個性的。

バス移動がメインの場合は、立地を重視。バスの本数が多く、徒歩圏内にお店がある、宮之浦から安房間の町なかが無難です。

登山をするなら、体力温存のため前日は登山口近くに宿泊するのがおすすめ。海水浴やシュノーケリングが目的なら、一湊か安房か栗生、温泉だったら尾之間や平内など。場所によっては、目的地まで片道1時間ドライブなんてこともあるので、気をつけて。

民宿にも、自家菜園を持っていたり、専属の料理人がいたり、客室がオーシャンビューだったり、ホテルや旅館に引けを取らない宿がたくさんあります。目的に合ったエリアで、自由に宿を選びましょう。

宿のごはんは？ *Meal*

2泊以上の場合、毎日違う宿を泊まり歩くと、屋久島料理の大定番、お刺身・トビウオの姿揚げ・つき揚げ（屋久島風のさつま揚げ）の3点セットが繰り返されることも。朝夕2食付きの宿でも、事前にお願いすれば朝食のみや素泊まりに変更可能なこともあるので、たくさんのお店を巡りたいという方は、そんな方法もあります。

お天気と相談しよう！ *Weather*

まずはお天気をチェック。夏の晴天は日差しが強いので、外遊びや町歩きは朝か夕方に。川辺は昼間でも木陰もあって涼しいけれど、危険な箇所もあるので、地元の方に聞いたり専門のガイドを利用するのもおすすめ。

行楽に最適な春と秋も、季節の変わり目はお天気も変わりやすい。島の中で天気が異なることも多く、少し車を走らせると、青空に出会えたりすることも。インターネットで「雨雲の動き」を検索しながら予定を立てるのも島の日常です。雨の日は、お買い物や屋内施設、体験工房などをうまく活用しましょう。選択肢をいくつか用意して、臨機応変に予定を決めるのが、屋久島を満喫するコツ。この季節、ウエットスーツを身につければ、海のアクティビティを楽しめる日もあります。

また南の島とはいえ、冬場は10度を下回ることもあります。風速10mを超える北西風の吹く日は、町歩きも困難なので、天気予報の風速チェックもお忘れなく。

できるだけ予約しよう！ *Reservation*

都会と違ってゆったり流れる島時間。個人経営の店は営業時間や定休日ものんびりモードなので、事前にSNSなどで臨時休業をチェック。予約できる店は予約しましょう。人気店ほど、ハイシーズンは予約でいっぱい。宮之浦から尾之間の間以外は飲食店が少ないので、ごはんやおやつ確保は特に計画的に。

《 INFORMATION 》
トラベルインフォメーション

—— ACCESS ——

屋久島までのアクセス

飛行機〈鹿児島空港 ⇆ 屋久島空港〉：45分 ※福岡・大阪（伊丹）からの直行便もあり
高速船〈鹿児島本港 ⇆ 安房港・宮之浦港〉：1時間50分〜 ※経由地による
フェリー〈鹿児島本港 ⇆ 宮之浦港〉：約4時間

◎ 空路・航路についての問い合わせ先
飛行機（JAC）：日本エアコミューター　Tel.0570-025-071　www.jac.co.jp
高速船：種子屋久高速船　Tel.099-226-0128　www.tykousoku.jp
フェリー：折田汽船　Tel.099-226-0731　ferryyakusima2.com

島へのアクセスは、飛行機、高速船、フェリーの3種類。鹿児島空港と鹿児島市街地は高速バスで行き来するほど離れていて、屋久島航路の港と市街地は近いです。種子島や砂むし温泉で有名な指宿を経由する高速船もあるので、「屋久島以外の地域も巡りたい」という方は、高速船がだんぜん便利。フェリーは時間こそ高速船の倍かかりますが、甲板に出て撮影したり、船に驚いて滑空するトビウオをみられたり、移動時間そのものを楽しめます。

—— BELONGINGS ——

持ち物のこと

なにかと段差の多い屋久島の道、スーツケース移動はなかなか困難です。おすすめは島内をバックパックで移動して、その他の荷物は宅配便を使う合わせ技。スーパーのビニール袋が有料なので、エコバッグもお忘れなく。

夏場の日差しは強いので、極力肌を露出しないのがポイント。帽子やUVパーカー、薄手の長袖やストールといった紫外線対策グッズは必要。地元民も首タオルと長袖で紫外線対策をしています。夕方は虫も多いので、薄手のロングパンツやロングスカートも活躍します。また速乾性のスイムパンツは、登山用スパッツと重ねてトレッキングしたり、短パンとして1枚で履いても、乾きやすくて快適。

冬場は、10度を下回ると「今日は寒いね〜」という会話になります。ごくまれに里に雪が積もることも、セーター1枚で汗をかくくらいぽかぽか陽気のこともあるので、調整しやすい重ね着が一番。フリースに、風を通さないレインジャケットを重ねるくらいが安心です。

島では、レインウエアやトレッキングシューズ、海や山のアクティビティ用品のレンタルも充実しています。何年も使ってないシューズが加水分解で登山中ソールが剥がれたり、レインウエアが劣化して撥水効果が失われているなんてこともあるので、しっかり手入れされたレンタルグッズは魅力的。この旅のために購入するのであれば、しまいこまずに、雨の日などに普段使いすると、登山用品の性能の高さを実感できます。

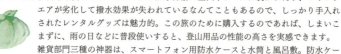

雑貨部門三種の神器は、スマートフォン用防水ケースと水筒と風呂敷。防水ケースは、海や川で遊ぶ時だけでなく、滝の撮影や雨の森歩きにも必須。水筒は、水分補給だけでなく、島のあちこちに在する湧水や川の水を汲むため。売り物ではない水のお土産は喜ばれます。風呂敷は、衣類を包んでパッキングしたり、エコバッグ代わりに持ち歩いたり、日よけのスカーフ代わりにひょいとかぶったりと、大活躍。とはいえ、あれこれ忘れても、大概のものは現地で調達できます。あれもこれもと詰め込まず、おおらかな気持ちでパッキングに臨みましょう。

\Hello!/ 屋久島

YAKUSHIMA GUIDE BOOK

あなたの"とっておき"を見つける旅

高田みかこ（一湊珈琲編集室）

10. area 1　永田・一湊・志戸子　／　22. area 2　宮之浦　／　38. area 3　小瀬田
58. area 4　安房　／　84. area 5　麦生・原・尾之間　／　102. area 6　平内・栗生

1
area

永田・一湊・志戸子
NAGATA / ISSOU / SHITOGO

路線バスが発着する永田集落から一湊、志戸子へ。
ここは昭和の風情が残る「オールド・ヤクシマ」。
のんびり島時間を味わえるエリアです。

海、山、そして昔ながらの町並みをのんびりと

　海を背に「永田橋」 b に立つと、視線の先に見える岩山は標高1,886mの永田岳。海辺から島の中心部、奥岳が望める数少ない場所。奥岳は、カミの領域として、島民に敬われてきました。橋の周囲には田園、背後には青々とした松林、その向こうに広がる白い砂浜は、日本有数のアカウミガメの産卵地として知られる「永田浜」 d 。島の中でも風光明媚なことで知られるこの集落は、宿泊施設も多く、"観光"というよりは"保養"にうってつけの場所」とは、人気宿「送陽邸」のご主人の言葉です。

　そのまま北に車を走らせると現れるのは、町なかに「吉田巨石群」 e が転がる不思議な風景の吉田集落。ここは永田に並び、海に落ちる夕日が美しいエリア。永田の砂浜から望む、低い位置からの大きな夕日、「東シナ海展望所」 f から見下ろす、海に伸びる陽光の道、それぞれに趣があります。

　トンネルを越えると、深い湾の奥、山々に囲まれるように、一湊集落が見えてきます。まずは、屋久島グルメの代表格である「首折れサバ」で知られる漁港へ。「首折れサバ」は、ここで水揚げされ、首を折って血抜き処理されたブランド魚。引き締まった身は、刺身でいただくとコリコリとした食感。九州ならではの甘い醤油や橙の果汁を合わせるのが定番です。

　この「首折れサバ」の水揚げ港でもある、漁港周辺の広場に車を止めて、町を歩きます。一湊珈琲のパッケージをリニューアルするときに、真っ先に浮かんだのは、漁港に建つ「赤灯台」 m でした。みっしりと貼り巡らされた豆タイルは、繊細な赤のグラデーション。金属で守られた小さな窓も可憐な愛らしさ。遠くから眺めるだけではもったいない、一湊のランドマークです。

　灯台へ続くコンクリートの堤防には、意図せずに貝殻やサンゴが練りこまれているので、探しながら歩いてみましょう。港内には、クラゲが浮いていたり、ウミヘビが揺れていたり、ときにはウミガメが水面から顔をのぞかせることも。

　町なかの「平海製菓」 o （p17）で郷土菓子やおやつを買って、町の中心「がじゅまる通り」 j へ。艶やかな葉っぱをたくさんつけたガジュマルの並木が、涼しい木陰を作ってくれます。ベンチの隣の赤い鳥居は「町えびす」 j 。片腕の大工さんが屋久杉で彫り上げたふくよかな神様は、素朴な力強さに満ちたフォークアート。

　がじゅまる通りと漁港を結ぶ通りには、生活用品や食品を取り扱う「かねなか商店」 k 。お惣菜や地魚の干物やすり身の他に、「柴とうふ店」 c （p15）のお豆腐で作った厚揚げや、運が良ければサバカマの塩辛なんていう少量製造の珍味にも出会えます。町歩きに買い物袋は欠かせません。

　漁港から対岸に見える赤い鳥居は、「はちまんさま」こと「矢筈嶽神社」 s 。神社が設けられた天然の洞窟には、清水が湧き、辺りに張り詰める冷えた空気は、"異界"を感じさせる雰囲気に満ちています。

　この神社のある矢筈岬の先端、屋久島の最北を守るのが、「一湊灯台」 t です。駐車場に車を止めてから灯台までは、細道を徒歩で10分ほど。冬場はリンゴツバキの大木が見事な花をつけ、春にはその名の由来ともなった真っ赤な実をつけます。がさごそと音がしたら、視線の先には鹿の親子。人間に慣れていないので、目が合うと慌てて走り去るそのお尻は、真っ白なハート型です。

　灯台についてもまだまだ、さらに灯台の裏手に岬の先端へと道が続いています。ここから先の景色は、文字通り筆舌に尽くしがたいので、ぜひご自身の目で、地球の丸さを体感してみてください。

漁港の高台には漁師の信仰を集める「浜えびす」

一湊
- ISSOU -

浜祭りには
色とりどりの大漁旗

漁港を見守る浜えびす

番屋峰登山道入口

一湊公民館
一湊郵便局

一湊小

至永田 →

水車谷の滝

Explore point

a 屋久島灯台 (p14)
b 永田橋
　晴れた日には永田岳を望む
c 柴とうふ店 (p15)
d 永田浜
　ウミガメ保護のため、5月から8月までの19時30分から翌朝5時まで、浜へ

の立ち入りは禁じられている
e 吉田巨石群
　花崗岩の巨岩が町なかにゴロゴロ
f 東シナ海展望所
　日没時ににぎわう夕日撮影スポット。夏場の夕方は虫除けをお忘れなく
g おわんどの家
　一湊珈琲焙煎所 (p27) が営む一棟貸しのコテージ

h 丸勝水産 (p16)
i Flower & Kitchen ひまわり
　毎日でも食べたい優しい味わいのお惣菜が並ぶ。月曜はパンの日
　Tel.0997-44-2478　10-18時（冬季は17時まで）　日休
j がじゅまる通り・町えびす
　ガジュマルの木陰が気持ちいい並木通りと、そこに祀られている木彫のえびすさま

- **k** かねなか商店
  Tel.0997-44-2507　7時半-19時半
  日休
- **l** 浜えびす
  漁港を見渡す高台に祀られた、豊漁の神様
- **m** 赤灯台（一湊港北防波堤灯台）
  地元民の釣りスポットでもある小さな灯台
- **n** gatherhouse cafe キヨコンネガイ
  (p18)
- **o** 平海製菓（ひらみせいか）(p17)
- **p** 手ノ宇都山岡（てのとやまおか）展望所
  一湊橋の右岸からソメイヨシノの桜並木を行くちょっとハードな散歩コース
- **q** ariga-to (p19)
- **r** 一湊海水浴場 (p20)
- **s** 矢筈嶽神社
  天然の洞窟を生かした神社。漁師の信仰を集める
- **t** 一湊灯台
  電気が普及していない時代から、屋久島沖の航海の安全を100年以上守ってきた
- **u** kiina（キイナ）(p21)

NAGATA / ISSOU / SHITOGO

屋久島灯台

青空に映える白亜のお城

　大きな看板を目印に、森の細道をそろそろと進んだ岬の突端に突然現れる真っ白い灯台。青い空をバックに見上げる灯台は、まるで地中海の教会のようです。建物の中には入れませんが、敷地内を見学するのは自由。最近では、ウエディングフォトの撮影スポットとしても人気です。

　明治30年、道路の整備されていない時代、海から建材を運び上げる難工事の末に完成した建物は、今も現役で海峡を守っています。この灯台のおかげで最寄りの永田集落には、島でもいち早く電気が普及したといいます。灯台の裏手の塀に腰掛けると、建物が確認できそうな近さに口永良部島。その間の海峡を大型船が行き交います。島の西端に突き出したこの永田岬は、当然日没も見事。

　塀の向こうにかけられた短い梯子を降りると、海に向かって、洋風の建物に不釣り合いな、古い木彫りの恵比寿さまが鎮座しています。古くから釣り人や航海の安全を守っているのでしょうか。

　大物釣りのスポットとして、釣り好きの間では知られた存在のこの永田岬。駐車場に車が止まっているのに、人影が見えないのはこんな理由なので、ご心配なく。

VIEW

屋久島灯台
map-a
屋久島町永田

今もなお海を見守る現役の灯台。石碑が歴史を物語っています

柴とうふ店

3代目が手がける愛情豆腐

　お店の名前を覚えるずっと前から、「永田の豆腐を買ってきて」と祖母のご指名ブランドだったこの豆腐。ほかの豆腐とは段違いの味わいで、大豆の風味の生きたこの木綿豆腐が、島の北部に暮らす私たちのソウルフードなのです。豆腐が浸かっているあの水を「旨味がたくさん詰まってるので、料理にも生かして」なんて、とっても楽しそうに豆腐愛を語る柴良二さんは3代目。高齢のお姉さん夫婦に代わり、両親が始めた豆腐屋の跡を継ぐべくUターンして5年。

　卸先の商店やスーパーでも買えますが、こんなとっておきの話を聞けるのは、直売所ならでは。軒先に用意された椅子に腰掛けてほかほかのできたて豆腐をいただけば、1丁なんてペロリとお腹に収まります。まずはそのままひと口、近所で作られた塩や醤油も添えていただけるので、あとはお好みで味の変化を楽しんで。豆乳やおからも直売所だけの商品です。

　目の前のタンカン畑の向こうには水田や家々。屋久島の田植えは早春、稲刈りは夏、永田川の左岸に広がる水田が、季節に応じて景色を変えていきます。川下には、「白砂青松（はくしゃせいしょう）」そのものといった青い松林と、屋久島で一番長い砂浜が広がっています。

永田の水がおいしさの秘密。できたてを食べられるのは直売所だけ

FOODS

柴とうふ店
map- C
屋久島町永田 1377-2
Tel.0997-45-2048
8時 - 売り切れまで　日休

丸勝水産

古代の息吹を感じる、伝統食材

　屋久島が古代から海上交通の要所となっていたのは、航海に必要な「真水と薪」が、ふんだんにあったからだといわれています。そこから生まれたのが、伝統食材「鯖節」。近海のサバを茹でて、島で育った広葉樹の薪で燻し上げる。さらに天然の湿度の高さを生かし、カビ付けと天日干しを繰り返し、サバの本枯節を作り上げていきます。

　本枯節は、関東のそば店を中心にほとんどが島外に出荷されていて、島内で「鯖節」と呼ばれているのは、本枯節ではなくカビ付けをする前の荒節。これは、本枯節の製造過程で生まれる副産物で、カビ付けに向かない油分の多い節。食卓の定番として島で消費され、真空パックになって土産物店で売られているのはこれなのです。

　ツタの絡まるシックな建物が趣深い「丸勝水産」は、江戸時代から続く老舗。今では珍しい竹製のかごを使って、燻煙しています。黒く燻された道具が整然と並ぶ工場は、事前に申し込めば見学も可能。最近は、水揚げ量日本一を誇るトビウオの節にも挑戦中。焼いてから天日干しする長崎の「あごだし」とは違い、茹でて燻す屋久島ならではの製法で引き出されただしは、すっきり上品な味わいで、おでんに欠かせない我が家の新定番になりました。

FOODS

丸勝水産
map-h
屋久島町一湊166-3
Tel.0997-44-2311
8-17時　不定休

伝統と歴史を感じさせる建物は、堂々たる風格

平海製菓

薬（やく）の島のぜいたくな郷土菓子

　屋久島の草餅は、黒い。一湊の言葉で「フツ」と呼ばれるヨモギは、そこらじゅうに生えているなじみ深い野草で、春先のヨモギ摘みは島の風物詩となっています。山のように摘んでも、茹でるとひとつまみになってしまうヨモギの新芽を、ぜいたくにたっぷりと入れているので、島の草餅は黒々と緑をたたえているのです。

　このヨモギを使って作られる草餅は「かからん団子」といい、餅粉と砂糖とヨモギペーストを混ぜたものを、サルトリイバラの円い葉に包んで蒸しあげた郷土菓子。こちらは島の土産物店などにときどき並んでいますが、ちょっと珍しいのは「かん」という餅菓子。ういろうや蒸羊羹を思わせる食感で、ヨモギ以外に、紫芋や小豆を原料にしたものもあります。

　「ヨモギと芋は畑で無農薬で育てているのよ」と、ただの節約みたいに軽やかに言ってのけるおばちゃんがステキな「平海製菓」では、「かん」などの郷土菓子だけでなく、オリジナルの和菓子やパンも製造販売しています。カステラの端っこがぎゅうぎゅう詰めになっていたり、不定期に登場する飴や、砂糖入りのかきもちが並ぶお店に行けば、宝探しのわくわくが待っています。

長年手作りの味を守っている、すてきなご夫婦が迎えてくれる

SWEETS

平海製菓（ひらみせいか）
map-O
屋久島町一湊 268-1
Tel.0997-44-2058
7-19時　不定休

gatherhouse cafe キヨコンネガイ

旅人と地元民をつなぐカフェ

「キヨコ・ン・ネガイ？」「キヨコン・ネガイ？」一湊の方言をご存じない方を混乱させるこの店名。答えは、「きよ子ん姉が家」で、「きよ子姉さんの家」という意味。オーナーである馬場貴海賀さんのおばあさんである「きよ子さん」が暮らした、思い出の家で営むカフェなのです。地元出身の両親のもとに生まれた貴海賀さんは筋金入りの一湊人。カフェの名物は、川向こうで煙をあげる「馬場水産」の鯖節を使ったオムライスやパスタ。鯖節は、刃物でスライスするのではなく、鮭フレークのように、魚肉の繊維を生かしてほぐすのが一湊流。一湊弁を書き込んだコースター、お客さんとの間にも、こてこての一湊弁が飛び交います。

書道家として世界を旅する生活を経て、「ふるさとで旅人を受け入れたい」と、この地に帰ってきた貴海賀さん。オリジナルグッズの販売や、今も年に数回、個展やインスタレーションのために島を空けつつ活動を続けています。ゲストハウスを渡り歩く旅人生活の中で、出会った人々は今でも彼女の宝。ローカル、移住者、旅人が集い生まれる、ゆるやかなコミュニティ。「gatherhouse（集う家）」の名の通り、人々が集う里のパワースポットとなっているのです。

RESTAURANT

gatherhouse cafe（ギャザーハウスカフェ）キヨコンネガイ
map-n
屋久島町一湊 13-1
Tel.0997-44-2176
11-16時、18-21時（夜は要予約）木・金休
＊Facebook ページあり

書家としても活躍しているオーナーの作品が店内のあちらこちらに

ariga-to

命を余すところなく生かす革小物

　「ariga-to」でもとめたヤクシカの財布には、大きな傷が付いています。屋久島に生息するニホンジカの亜種、ヤクシカ。険しい山を駆け回っていたヤクシカの皮に傷があるのは当然のこと。傷を不良品とするのではなく、この傷もヤクシカ皮ならではの景色として生かそうと、「あえて」そのまま使っているのです。

　これを作っているのは、レザークラフト作家の清水舞さん。食害による農作物被害対策として駆除された、ヤクシカの皮を有効利用しようと製品化に取り組みました。本州の鹿に比べて小柄なヤクシカは、当然皮の面積も小さく、効率の悪い素材。それでもこの素材に惹かれるのは、ヤクシカ特有のしなやかな肌触りと、生きて屋久島の森を駆け回っていたころの気配を宿しているから。

　皮だけでなく、ヤクシカの角や屋久杉、屋久島産の夜光貝の貝殻を使ったボタンやビーズを島の作家にオーダーした、手作り1点もののパーツも取り揃えているので、自由にパーツを組み合わせるセミオーダーも可能。財布以外にスマホケースやイヤリングなど、様々な革小物も製作。半開放型のアトリエで、作業風景をカウンター越しに眺めれば、時間はあっという間に過ぎてしまいます。

店名は、命をいただいて作ることへの感謝を込めて付けられた

| CRAFTS

ariga-to（アリガト）
map-q
屋久島町一湊 2282-2
tel.080-5309-5213
11-18時 不定休
www.ariga-to.com

一湊海水浴場

花崗岩の白い砂浜にウミガメの足跡

　「昼間に泳ぐとやけどする」と年寄りがたしなめるので、我が家の海水浴は、もっぱら日が傾き始めた夕方。番屋峰に陽が傾くころ、ほどよく温もった海水にじっと浮かんでいると、胎児になったような安心感にうっとり包まれます。花崗岩由来の白い砂浜には、キャタピラーが通ったような2本の筋。これは、前日にウミガメが産卵に訪れた名残。8月の孵化シーズンには薄いピンポン球のようなカメの卵の殻が、あちこちに転がっています。

　駐車場をはさんで海水浴場の東側に広がる岩場でウミガメと泳ぐのも、私と息子のお気に入り。この辺りは、島一番のダイビング、シュノーケリングスポットとして親しまれていて、干潮時には、足がつくところでも、たくさんの魚に遭遇できます。岩場に残った貝殻などで、肌を切りやすいので、水着にシュノーケルマスクだけではとても危険。マリンシューズや軍手で手足を保護したり、肌を保護するラッシュガードも必要です。レンタルやガイドサービスもたくさんあるので、上手に利用しましょう。駐車場もシャワーも更衣室も無料ですが、鍵付きロッカーはないので、着替えたら荷物は駐車場の車か砂浜の目の届くところへ。このゆるさが島のスタイルです。

SEA

一湊海水浴場
map-r
屋久島町一湊 2291-225
Tel.0997-43-5900（屋久島町役場）
一湊海水浴場更衣室は7月中旬から8月末まで、9-18時（ライフセーバー常駐）

子どもの年齢に合わせて楽しめる家族連れにおすすめのスポット

kiina

亜熱帯植物に囲まれた、海辺の一軒家カフェ

　木枠の窓や昭和の模様ガラス、海辺に流れ着いた珊瑚や流木、ウニの殻……。島に嫁いだオーナーの中馬智恵さんが、コツコツ集めた品々が並んだ小さなカフェ、「kiina」です。クワズイモやオオタニワタリといった亜熱帯植物が茂るエネルギッシュなエントランス、多肉植物の鉢植えが並ぶ庭、細部にオーナーの美意識が張り巡らされていて、写真映えすることこの上なし。古い海辺の一軒家を改装した店内には畳敷きの小上がりもあって、柔らかな光が射し込み、記憶の中の風景に紛れ込んだような懐かしい雰囲気に満ちています。

お店の外にも中にもかわいい雑貨やディスプレイが並ぶ

　郷土料理「つき揚げ」のホットサンドや伝統食材「鯖節」のフォカッチャサンド。タンカンのチーズケーキやバジルと紅茶のシフォンケーキ、グアバのヨーグルトドリンクやハイビスカスとタンカンのジュース。地元産の食材が、智恵さんの手で新しい味に生まれ変わります。小上がりには、手作りのアクセサリーやセレクトされた雑貨の数々。土産物店では見かけない、島の南の工房「Le mont（ルモン）」の陶器も並びます。食事を終えて外に出ると目の前には美しい海。堤防で日向ぼっこをしている猫と一緒に腰掛けて潮風を浴びれば、お腹も心も満たされていくのです。

CAFE・CRAFTS

kiina（キイナ）map-Ⓤ
屋久島町志戸子181-97
（志戸子ガジュマル公園隣）
Tel.080-8576-4830
10-16時（8月は17時まで）
日〜火休（臨時休業や振替営業もあるので、SNSをご確認ください）
＊Facebookページあり

2
area

宮之浦
MIYANOURA

フェリーや高速艇が発着する海の玄関口、宮之浦。
「益救神社」を中心に広がるこの町は、歴史を感じさせながらも、
新しいスポットが続々オープンする刺激的なエリアです。

晴れの日も雨の日も楽しみはいろいろ

屋久島観光の大定番「白谷雲水峡」❻ に最寄りの集落ということもあって、島で一番にぎわうこの町。泊まるなら、素泊まり民宿や夕飯抜きのB&Bスタイルがおすすめです。

焼酎と魚介類、自然派ワインとジビエ、コーヒーとスイーツ、数ある飲食店の中から、好みやお天気に応じて自由に組み合わせて、はしごも可能。

屋久島の飲食店は、大人がしっとりお酒を楽しむ店に見えて、定食や子どもメニューが用意されていたり、カジュアルなレストランに見えて、本格和食が味わえたり、ミクスチャーな雰囲気が特徴。カフェ？ 定食屋？ 居酒屋？ スナック？ ジャンルにとらわれない、おおらかで自由なスタイルは島ならでは。

キッチン付きの宿だったら、「丸高水産」❺ で新鮮な地魚をお刺身にしてもらうのもお得。さらに旅の上級者なら、身はお刺身に、骨は宿に持ち帰って、アラ汁に。新鮮な魚は湯通ししなくても、臭みのないすっきりしたおだしがとれるので、お試しあれ。首折れサバやトビウオが有名だけど、ほかにもホタ（アオダイ）やチビキ（ハマダイ）など、水揚げ量の少ない、島で愛されている魚との出会いが待っています。

翌朝、晴れたら、お散歩がてら「益救神社」❶ を目指して宮之浦川沿いをぶらぶら。歩行者専用の宮之浦川橋は、昭和5年に架設。丸石がたくさん練り込まれたコンクリートに時代を感じます。

「宮之浦」という名前の由来にもなったといわれる「益救神社」は川の終点、海の入り口の小さな鎮守の森に護られてあります。『延喜式』（927年）にも記載のある由緒正しい神社。古代の呪術の名残ともいわれる盃状穴を持つ石や、島で縁起物として珍重される亀甲模様の亀石、神仏混淆の歴史を感じさせる仁王像など、そこここに島の文化が散りばめられています。社務所が開いていれば、縄文杉が織り込まれた登山守りを購入したり、御朱印をもらえます。

神社近くの商店街には、朝7時からオープンの「みやかふぇ」❽ が。飲食スペースは小さいのですが、お向かいが公園なので、木陰のベンチで優雅な朝食を。コストパフォーマンスの高い驚きの朝食は、友人の家に泊まった朝に料理上手なお母さんが作ってくれる、そんなムードです。

山もいいけれど、夏場だったら、川もすてき。おやつやお弁当を買い込んだら、「白谷雲水峡」へ向かう道を右手に折れる「屋久島総合自然公園」❶ で水遊び。本格的な登山やキャンプとはいかなくても、こんな一食が旅を思い出深いものにしてくれます。体が冷えたら、公園の敷地内の温泉「ゆのこの湯」で温まって。初夏の夕暮れには、蛍がふわり。

雨が降り出したら、屋内へ移動。土産物店もいいけれど、ここはひとつ、地元資本のスーパーへ。焼酎や農産物、ご当地パンや味噌醤油、九州以外の人にとっては、珍しい品々の宝庫です。

島に少ない Free Wi-Fi スポットでもある「屋久島環境文化村センター」❻ で島の文化を学んだり、同じ建物の中にある観光案内所や関連図書コーナーで情報収集。大型映像ホールで上映される屋久島の空撮映像は、思わず目をつぶってしまうほどの臨場感です。

「屋久島町歴史民俗資料館」❶ には、美しい民具や縄文土器が並びます。屋久島の土器は「縄文」ならぬ「貝文」。貝殻や小枝で刻まれた規則的な模様が施されています。照葉樹の森や黒潮の恵みを受けながら、海辺に暮らした先人に想いを馳せると、見慣れた景色も少しだけ違って見えてくるかもしれません。

益救神社では様々な
文化財が見られる

川べりの散策や水遊びも

白谷雲水峡
- SHIRATANIUNNSUIKYO -

鉈折岳

至白谷雲水峡
↓

Explore point

a まむずきっちん (p26)

b ライフセンターヤクデン
ホームセンターも備えたスーパー
Tel.0997-42-1501
9-22時（冬季は21時まで）

c 屋久島環境文化村センター
Tel.0997-42-2900　9-17時

展示ホール及び大型映像ホールの観覧
料は大人520円、大学生・高校生360円、
中学生・小学生260円

d 一湊珈琲焙煎所 (p27)・日具 (p28)

e 丸高水産
新鮮な地魚が並ぶ鮮魚店
Tel.0997-42-1435　8時半-18時半
日休

f ふれあいプラザ やくしま館 (p29)

g パノラマ (p30)

h みやかふぇ
Tel.090-7293-9945　7-9時・11-16時
月・木休

i 益救神社
Tel.0997-42-0907

j 屋久島町歴史民俗資料館
Tel.0997-42-1900　9-17時　月休
入館料大人100円、小・中・高校生50円

青空に映える
フェリー待合所

宮之浦
- MIYANOURA -

k Aコープ宮之浦店
鹿児島産の食品が充実、衣料品も扱う
スーパー　Tel.0997-42-3888　9-20時

l 鉄板お好み焼き こもれび (p32)

m やまがら屋 (p31)

n 屋久島総合自然公園・ゆのこの湯
屋久島総合自然公園敷地内にある単純
硫黄泉の温泉施設
Tel.0997-42-0305　12-20時　月休
入浴料金は大人 400円、子ども150円

o 白谷雲水峡
Tel.0997-42-3508(屋久島レクリエーションの森 保護管理協議会)屋久島町宮之浦岳・石塚国有林内　高校生以上1人500円（森林環境整備推進協力金）

p 椿商店 (p33)

q 憩いの森公園
遊具や芝生広場を備えた公園。3、4月には花見客でにぎわう　入園無料

r わいわいらんど
丸高水産が入っているので地魚充実のスーパー　Tel.0997-42-2525　9-20時

s Restaurant & Wine Bar ヒトメクリ．(p34)

t カフェギャラリー百水 (p35)

まむずきっちん

名物「屋久島永田の塩クッキー」はママの味

　薄力小麦粉、バター、砂糖、卵、ヘーゼルナッツ、アーモンドパウダー、屋久島永田の塩。「まむずきっちん」の看板商品「屋久島永田の塩クッキー」の原材料には、シンプルな安心素材が並びます。

　ほろりとほどけるカメの形のクッキーは、バターの香りとヘーゼルナッツのコクに、トッピングされた塩がアクセントになった贅沢な味。この「塩クッキー」を原点に、永田のホテルの一画を借りて2人でスタートしたクッキースタジオも、今やスタッフ12人の大所帯。スタジオ兼直売所を宮之浦に移転させ、大量に生産するようになった今も、手作業で製造されています。

　直売所の楽しみは、ちょっぴりお得な「割れせん」ならぬ「割れクッキー」と、島の緑茶や紅茶、ココアやチョコチップを使ったバラ売りクッキーなど、塩クッキー以外にもいろいろ。1枚単位で購入できるので、自由に組み合わせて、自分だけのクッキーボックスを作ることもできるのです。クッキーを1枚のっけたカップアイスクリームが買えるのもここでだけ。定番商品は土産物店でも手に入るけど、たまにはこんなお楽しみを目当てに、直売所にも足を向けたくなってしまうのです。

SWEETS

まむずきっちん
map-a
屋久島町宮之浦1261-13
Tel.0997-42-0601
10-17時　月・木休
mams-kitchen.jimdo.com

「塩ナッツ＆塩クッキー」トッピングのカップアイス

一湊珈琲焙煎所

海の玄関口で、甘く香り高いコーヒーを

レトロビル好きにはたまらない、県営フェリー待合室のらせん階段を上った2階に、私たち夫婦が営む「一湊珈琲焙煎所」はあります。

島内外への卸売や通信販売を中心とした豆売りがメインのコーヒースタンド。お土産に、海辺の景色をイメージしたパッケージのコーヒー豆やオリジナルのナルゲンボトルも好評です。

到着したその日に1杯飲みながら、旅のプランを語らい、帰路につく前に、コーヒー豆を旅行カバンに忍ばせれば、旅の荷解きも甘い香りに包まれた楽しい時間に。そして翌朝の1杯で、終わらない旅の余韻を楽しむ、なんてスタイルをイメージして、慣れ親しんだ一湊から、ここ宮之浦のフェリー待合所に移転してきました。

ラジオまたはアナログレコード、というちょっと変わったBGMとコーヒーの香りに包まれる店内もいいのですが、この店の特等席は、店の外に並ぶ待合所の長椅子。店を背に長椅子に腰かければ、ちょうど視界から人工物が消えて、窓いっぱいに東部の山々が広がります。首を動かさないと視界に収まらないほどの大パノラマは、海の上から島を眺めているよう。山々をおともに素敵なコーヒーブレイクを。

牛乳やコーヒーに添える粗糖は、お隣の種子島産

CAFE

一湊珈琲焙煎所
map-d
屋久島町宮之浦1208-1
県営フェリー待合所 2F
Tel.050-5435-1627
11時半-18時　水休
issou-coffee.com

日具

欲しいものが不思議と見つかる小さな雑貨店

　「tamaki niime」のヴィンテージのベルト式力織機で織り上げたふわふわのショールや小菅幸子さんの陶製のブローチ、「accessories MAU」のハーキマーダイヤモンドのピアスなど、Made in japan のストーリーのある品々。ひと坪ほどの小さなお店なのに、なぜか欲しいものがちゃんと見つかる不思議な雑貨店。

　ここで買った品は、この小さな島でヘビーローテーションで身につけていても、人と被らないような一点ものがほとんどという点も魅力的。旅行に来て、島外で作られたものを買うのはどうなの？　なんて思われるかもしれないけれど、「使うたび、身につけるたび、屋久島を思い出す」、そんな買い物も旅の醍醐味ではないでしょうか。

　屋久島関連の品が皆無かというとそうではなく、靴工房「Pon-Pon YAKUSHIMA」(p70)のポーチや「SOLMU PUUT」(p110)の器、オーナーの夫で水中写真家の高久至さんの写真絵本も、さりげなく並んでいます。

　「一湊珈琲焙煎所」の奥、営業日が週に2日のみというなかなかの幻営業ですが、ポップアップイベントの際には定休日に開けることも。わざわざ時間を合わせて足を運びたいお店です。

SHOP

日具（にちぐ）
map-d
屋久島町宮之浦 1208-1
県営フェリー待合所 2F
12-16時　金・土のみ営業
＊ Instagram アカウントあり

ナカオタカシさんのランプシェードが印象的なお店

ふれあいプラザ　やくしま館

島のもてなしの原点を思わせる太っ腹サービス

郷土菓子の「かからん団子」と飲み物のセットを頼んだのに、なぜだかゼリーと鯖節ラッキョウも一緒にお盆に乗ってやってくる。そんな太っ腹なもてなしが魅力の「ふれあいプラザ　やくしま館」。

幼い頃、訪問先で「ちゃー（茶）なっと（など）の（飲）め」「寄ってかんか（寄っていかないか）？」と言って、出されるおやつは、こんな風にいつでも甘いものとしょっぱいものが並んでいて、薄い緑茶を何杯もお代わりしながら、母や祖母たちの終わらないおしゃべりは続いていくのでした。

お店は「宮之浦」バス停の真ん前

そんな思い出がよみがえる「ふれあいプラザ」は、屋久島の中心地、宮之浦のさらに中心の「宮之浦」バス停の真ん前にあります。地域の女性グループが中心となって営むカフェで、夏はかき氷（税込 200 円から）、冬はおでん（1 個税込 70 円）と焼き芋（税込 100 円）が、手頃な値段で楽しめるお財布に優しいお店。

Free Wi-Fi目当ての高校生や、散歩の途中で涼む高齢者、大きなザックを抱えたバス待ちの旅行者、様々な人がここに集います。

隣は屋久島関連本が充実している「書泉フローラ」なので、本を買い込んで、屋久島茶をすすりながらの読書もいいものです。

| CAFE |

ふれあいプラザ　やくしま館

map-
屋久島町宮之浦 109-1
Tel.0997-42-0390
10-18 時（冬季は 17 時半まで）　火休

パノラマ

よろずやを改装したレストランで、エッジの立ったお刺身を

　シンプルなものほど、技術の差が出るというけれど、ここでいただくお刺身がまさにそれ。我が家の普段の食卓にのぼるお刺身とは、まるで別もの。エッジのピンと立った身は、これ以上もこれ以下もないという、それぞれの食材にベストの大きさに切り揃えられ、よく手入れされた包丁を使っているのが伝わってきます。

　サバの皮目が軽く炙られていたり、揚げたエビの頭が添えられていたり、つまの飾り切りも目に鮮やかで、食べ慣れた地魚も別物のように感じられるのです。

　生の野菜をごま味噌やわさび味噌にディップする「そのまんま野菜」や、生野菜を自家製アンチョビソースにディップする「バーニャカウダ」も、野菜の選び方や切り方が絶妙。皮はむく？　むかない？　繊維に沿う？　断ち切る？　それとも丸のまま？　生の野菜でも、扱い方ひとつで無限のバリエーションが生まれてきます。

　この店の魅力は、割烹や寿司店で修業したというオーナー店主、藤森敏宏さんの包丁技が感じられる料理とフレンドリーな接客。商店街の中のよろずやをリノベーションした建物は、今日も和やかな雰囲気に満ちています。

RESTAURANT

パノラマ
map-g
屋久島町宮之浦 60-1
Tel.0997-42-0400
18-23時　水休
panoramayakushima.com

トビウオやカメノテでだしをとった
冬季限定のもつ鍋は要予約

やまがら屋

野鳥も遊びに来る森の中の茶屋

雀と同じくらいの小さな野鳥「山雀」。そんな店名そのままに、森の中に現れる小さなお店が、野鳥好きの店主、瀬戸山瑞香さんが営む「やまがら屋」。「白谷雲水峡」に向かう途中、「屋久島総合自然公園」への曲がり角に建っています。

土曜、日曜の「一汁五菜定食」が人気で、12時のオープンとともに小さな店は満席になることも。月曜、火曜は温かいうどんや一品料理をご飯、味噌汁と組み合わせて自分だけの定食に。カツオのステーキ、島の伝統野菜「もち芋」のコロッケ、トビウオの竜田揚げに、ニラ入りトビウオのつき揚げ。手書きの黒板を眺めるだけで、お腹が空いてきます。茶屋だけに、「甘酒」や「屋久島茶の葛餅」も揃えていて、お茶だけの利用も可能。

島の木材を贅沢に使った建物も一見の価値あり。この土地に立っていた杉は太鼓梁に、床材やカウンターにはシイ、タブ、ヤマモモ、クスノキなど、色とりどりの島の広葉樹をふんだんに使っています。

年月を重ねるごとに味わいを増す建物と、滋味あふれる瑞香さんの料理を楽しみに再訪したくなるお店です。

シフォンケーキやジェラートといった洋風デザートもあります。

入り口のサキシマフヨウは秋に桃色の花を咲かせる

RESTAURANT

やまがら屋
map-m
屋久島町宮之浦 2204-13
Tel.0997-42-3620
12-16時　水・木・金休
＊Facebook ページあり

鉄板お好み焼き こもれび

島の鯖節を生地とソースに、ご当地お好み焼き

「鉄板お好み焼き こもれび」のお好み焼きは、ちょっとよそでは食べられないご当地グルメ。生地にも自家製ソースにも屋久島産のサバの本枯節を使用。島内ではほとんど流通せず、関東の老舗蕎麦店などに出荷されている貴重な食材です。

私が大好きな「ぜいたくトマト」は、お好み焼きの上にたっぷりのフレッシュトマトとカイワレ菜がトッピングされた爽やかなひと皿です。

サイドメニューも充実。極太の麺が特徴の「もっちりやきそば」や、郷土料理「鯖味噌の焼きおにぎり」は、店主の祖母がいろりで練り上げた鯖味噌の味を思い出しながら、試作を重ねたそう。使われるサバは、生地やソースに使われる本枯節の副産物であるなまり節をスモークした「荒節」で、島の中ではこちらが「鯖節」と呼ばれ、広く流通しています。

デザートには、郷土菓子のかからん団子をアレンジした「かからんぜんざい」を。自ら摘んで下ごしらえしたヨモギの葉をたっぷりと加えた団子が、小豆にからんでいい香り。この店オリジナルのご当地デザートです。

RESTAURANT

鉄板お好み焼き こもれび

map-1
屋久島町宮之浦2560-27
Tel.0997-42-3990
11時半-14時・18-21時（3日前までに予約） 火・第1日休

夜は予算に応じて予約制のコース料理を提供

椿商店

体に優しいmade in Yakushimaを探して

密かに「屋久島ポップ名店」と呼んで、新作を楽しみにしているのが、自然食と雑貨を扱う「椿商店」。ひとつひとつの商品への愛情と思い入れが、手書きのポップから伝わってきて、ついつい読み入ってしまいます。

旅の方にこの店をすすめるのは、意外かもしれませんが、「からだにやさしい」をテーマに選ばれた屋久島産、屋久島製の商品コーナーはなかなかの充実ぶり。無農薬のお茶や紅茶やハーブティー、塩やぽん菓子やジンジャーシロップ、島産クスノキのエッセンシャルオイルや山桜のカトラリー、ススキのほうきなんて道具まで。ギフト用にはかわいいラッピングもしてくれます。

油や調味料の量り売りもしているので、食にこだわるロングステイの方にも便利です。看板商品の穀物や油類は、ほとんどが九州産。この店を始めるにあたり、家族で九州の産地をめぐり、旅をしながら仕入れ先を探してきました。

小さな飲食コーナーも併設されているので、冬は温かいチャイを、夏はスモモやタンカンの自家製シロップのかき氷をつつきながら、思い入れもひとしおの商品のストーリーに耳を傾けて。

量り売りのナッツやドライフルーツは、登山の行動食にもぴったり

FOODS·SHOP

椿商店
map-P
屋久島町宮之浦2446-12
Tel.0997-42-1355
10-17時半　月・木休
ringotsubaki.thebase.in

Restaurant & Wine Bar ヒトメクリ.

タウン誌の編集部が営むカフェで、ヤクシカ料理を

　屋久島発の雑誌『屋久島ヒトメクリ.』が運営するカフェは、島では珍しい昼から夜までの通し営業。タイミングを逃して「昼食難民」になっている人の救世主が、このお店なのです。
　宮之浦のランドマーク、「徳洲会病院」隣のこの店には、昼時を過ぎても、おいしい料理が充実しています。島の旬の食材を中心に、ドレッシングやピザ生地から手作りされた料理やスイーツの数々。お茶やスイーツだけの利用も可能です。
　この店で、是非とも食べてほしいのが、「屋久鹿タイラーメン」。鹿骨でとった透明なスープはすっきりと上品な味わい。さっぱりとしたタイの米麺によく合います。たっぷりトッピングされた鹿肉のそぼろや野菜、ピーナツが味に変化を与え、最後の一滴まで満足。
　もちろん、『屋久島ヒトメクリ.』のバックナンバーも揃っています。その他、屋久島在住の写真家、山下大明さんの写真エッセイや、植物に関する著作を多く持つ盛口満さんのイラストエッセイなど、屋久島ゆかりの書き手による豪華な読み物も充実。帰りの船内や機内でページを繰りながら、余韻に浸るのも素敵な旅の締めくくりかもしれません。

RESTAURANT

Restaurant & Wine Bar
ヒトメクリ.
map-❽
屋久島町宮之浦 2467-86
Tel.0997-42-2772
11時半 -22時　月・火休
hitomekuri.com

店内のスモークキャビンで製造されたソーセージなども販売

カフェギャラリー百水

アール・ブリュットに囲まれたエネルギッシュ空間

　不揃いの家具に高い天井、部屋の中央に設えられたショーケースには焼きたてのパンが並び、ショーケースの向こうからは、ネルドリップで淹れたコーヒーの香り。白い壁には、ダイナミックな書や絵が飾られ、ポジティブなエネルギーに満ちています。

　「百水」は、社会福祉法人愛心会・就労継続支援事業所「屋久の郷」が、アートプロジェクトの一環として始めたカフェギャラリーです。墨や絵の具、鉛筆や粘土など、ひとりひとりが自分に合った画材を使って仕上げる作品は、はっきりとした作家性を放って、それらはもう「利用者」や「通所者」の作品ではなく「アーティスト」の作品です。

壁の作品は購入可能。カードやポチ袋など雑貨も充実

　自家製味噌の味噌汁が付いた定食やカレーもいいけれど、なんといっても人気なのは、パン。大きなとんかつが挟まれたボリューム満点のカツサンドは、パンの厚みとキャベツの量が絶妙。サンドイッチを手に屋外ランチもいいけれど、パンに300円プラスすれば、飲み物とサラダを付けて店内でいただくことも。パン類は、13時頃に売り切れてしまうので、のんびりさんは気をつけて。もしも出遅れたら、近所のスーパー「わいわいらんど」で出会える可能性に賭けてみましょう。

| CAFE |

カフェギャラリー百水
（ひゃくすい）
map-t
屋久島町宮之浦 2458-1
Tel.0997-42-0775
11-15時　土・日休
＊Facebookページあり

=COLUMN= 春

　ら、穏やかな春の海へ。だんだんと、人と海とが親密になっていく季節です。
　屋久島固有の「ヤクシマザル」も出産の季節を迎えます。島の20％ほどを占める、世界遺産エリアをドライブできる西部林道では、運が良ければ「ヤクシカ」や「ヤクシマザル」の群れに出会うことができます。群れの中には、生まれたての赤ちゃん猿を胸に抱いた母猿や、少し成長した赤ちゃんをおんぶした母猿も見られます。餌やりは厳禁。不用意に近づくと、怖がって威嚇してくることもあるので、少し離れた場所や路肩に止めた車内から観察しましょう。
　命萌え出ずる季節は、別れの季節でもあります。三月末の「フェリー屋久島2」では、盛大な島の見送りを見ることができます。岸壁には、学校ごとの幟が立ち、各所で校歌の合唱やブラスバンドの演奏が流れ、七色の紙テープが幾重にもたためきます。離岸する船を追いかけて子どもたちが岸壁を走る様は、何度見ても胸が熱くなる光景。島影はゆっくりと遠ざかります。

SPRING in YAKUSHIMA

——— 濃く甘い新芽の香りに包まれる ———

屋久島の桜前線は南から北、里から山へと移ります。二月から四月の頭にかけて、どこかしらで花の見頃を迎えていて、この季節はとりわけ島の気候の特異さを感じさせます。「海上アルプス」とも称されるように、海の上にそそり立つ山々。山が雲を呼んで、小さな島は、日本列島の縮図のように、一年を通じて多様な気候を抱えることになりました。

勢いよく盛り上がる里山の新芽は、樹種ごとに色を変え、他の季節には気づかない豊かさをみせます。筍にツワブキにヨモギ、タラの芽にワラビ、食卓も山の幸でにぎわいをみせます。

冬の海が突然穏やかになって、海との距離がぐっと縮まる瞬間、磯は自ずから光を放つかのようなまぶしい緑に染まります。海苔が一斉に芽吹いたのです。

四月、島の一部地域には、「浜出張」という風習があります。かつては集落総出で浜に出かけ、海に感謝の祈りを捧げてから、持参したお弁当を食べたり、相撲を取って春の一日を過ごしたそう。北西風の吹く、厳しい冬の海か

3
area

小瀬田
KOSEDA

屋久島空港と役場新庁舎を中心に再開発が進む小瀬田地区は、雑貨店のような土産物店のような個性派ショップが点在。手作り体験できる店もたくさんあります。

天気が良ければレンタサイクルがおすすめ

　屋久島空港に降り立つと、むわんとむせかえる湿度を含んだ甘い緑の香り。この濃度が、屋久島そのもの。自然と呼吸が深くなります。

　遠く愛子岳を望む、小瀬田地区。山が近く、空が広い空港周辺には、ドラッグストアやホームセンター、レンタカーショップや飲食店が続々オープン。他のエリアに比べ、建物同士が離れていて日陰も少ないので、徒歩よりも自転車やレンタカーがおすすめです。

　「ぷかり堂」 p (p50) で自転車を借りて、右か左か、北か南か。まずは、土産物店の多い南を後回しにして、一路北へ。めざすはヴィーガン料理の「hiyoriya」 e (p46)。水平線の向こうに種子島を望みつつ進んでいくと、大きな駐車場を備えた、ドラッグストアやホームセンターが次々に姿を現します。

　ATM でお金を下ろせる時間は、都市部に比べて短いし、24 時間営業のコンビニはないけれど、消耗品はけっこう島内でまかなえるのです。「離島」という言葉に心配して、初めての屋久島に荷物を膨らませてくる方は珍しくありませんが、「現地で買えるんだったら、もっと荷物少なくできたのに」という声が、よく聞かれる島でもあるのです。

　「hiyoriya」でお腹を満たしたら、海辺の「ふれあいパーク」 d に自転車を止めて、しばしビーチコーミング。小石や貝殻を探していると、時を忘れます。屋久島は、「花崗岩が隆起してできた島」とひとくちに語られることが多いのですが、花崗岩だけでなく、海岸ごとに種類の異なる石がみられます。

　屋久島に暮らした詩人、山尾三省はエッセイ集『ジョーがくれた石』(地湧社) の中で、「ごくありふれた石が、ありふれた石のままで金剛のような輝きを持つことが、人生にはないわけではない」と記しています。誰かにとってはありふれた光景でも、自分にとっての特別な何かを見つけられたら、その旅は意味のあるものになるのかもしれません。

　体力に自信がある人は、ここから屋久島製の香りグッズを取り揃えた、香り工房「やわら香」 b (p44) を目指して北へ向かってもいいし、そこまではちょっとというのんびり派は、もと来た道をのんびり U ターン。

　帰り道に「mori カフェ」 i や喫茶「樹林」 k (p48) でクールダウンして、イベントの会期中であれば、「ギャラリータビラ」 l をのぞいたり、「杉の舎本店」 o では屋久杉の箸を作ることもできます。休憩を挟みながら、自転車を走らせて左手に見えてくるのは、小さな看板が立ち並んだ、ショップ群。

　その中の一軒、オリジナルのキャンドルと苔玉を販売する「Yakushima Candle HIKARI」 s では、キャンドル作り教室を毎日開催。先ほどのビーチコーミングで見つけた小石や貝殻を忍ばせる、キャンドル作りも体験できます。

　「HIKARI」を挟んで隣り合う「ル・ガジュマル」 t (p53)、「屋久島メッセンジャー」 r と 3 つの土産物店は、それぞれ個性の異なる品揃えなので、時間をかけてじっくり吟味しましょう。「HIKARI」にはソフトクリームとドリンクスタンド、「屋久島メッセンジャー」にはジューススタンド、「ル・ガジュマル」の向かいには「島 cafe La・モンステラ」 u (p52)。近所の「八万寿茶園」 v (p54) にはソフトクリームとアイスクリーム。スイーツショップがギュッと集まっているので、どこに行こうか迷うのも楽しいもの。

　そろそろ自転車返却に引き返してもいいけれど、少し欲張って、照葉樹の森が迫る「高見橋」 w まで。胸いっぱいに緑を吸い込んだら、あなただけの特別な景色が見えてくるかもしれません。

飛行機を降り立つと目の前に山々。厚い雲も屋久島ならでは

小瀬田
— KOSEDA —

できたて生ビールが飲める ブルワリー

お店めぐりにはレンタサイクル

美しい山容の愛子岳

日本一早い新茶が採れる

Explore point

- **a** 村上ウッドワークス (p42)
- **b** やわら香 (p44)
- **c** 古都蕗（ことぶき）(p43)
- **d** ふれあいパーク
  トイレ付きの駐車場完備。公園の隣には車海老の養殖直売所も
- **e** hiyoriya（ヒヨリヤ）(p46)
- **f** Catch the Beer（キャッチザビア）(p47)
  Tel.090-8820-9416 11時半-17時 木休
- **g** ドラッグイレブン 屋久島店
  100円ショップも併設
  Tel.0997-49-4141 9-21時
- **h** サムズ 屋久島店
  生鮮食品も取り扱うホームセンター
  Tel.0997-43-5963 8-20時
- **i** mori カフェ
  滑走路越しに海の見える絶景カフェ
- **j** ドラッグストアモリ 屋久島店
  生鮮食品の取り扱いあり
  Tel.0997-43-5505 9-22時
- **k** 樹林（じゅりん）(p48)
- **l** ギャラリータビラ
  年に数回、写真展や絵画展、コンサートを開催 Tel.0997-43-5956
- **m** イルマーレ (p49)

- **n** 屋久島空港
  建物内の食堂「エアポート屋久島」
  (8時半-18時) はノスタルジックな昭和
  の雰囲気　Tel.0997-42-1200
- **o** 杉の舎本店
  箸作り体験は要予約　Tel.0997-43-5441
  8時半-17時半　不定休
- **p** ぷかり堂 (p50)
- **q** プコチュ (p51)
- **r** 屋久島メッセンジャー
  ジューススタンド併設の土産物店
  Tel.0997-43-5630　9-18時半
  (冬季は18時まで)　火休
- **s** Yakushima Candle HIKARI
  (やくしまキャンドルヒカリ)
  キャンドル体験は事前に予約を
  Tel.080-6572-8940　10-18時　火休
- **t** ル・ガジュマル (p53)
- **u** 島cafe La・モンステラ (p52)
- **v** 八万寿茶園 (はちまんじゅちゃえん)
  (p54)
- **w** 高見橋
  ここから見る水平線と両岸に迫る照葉樹
  の森が美しい
- **x** 屋久島縄文ファーム (p55)

村上ウッドワークス

森の中の小さな木の工房

　杉林の中の細道をドキドキしながら進むと現れる小さな看板。アクセルを踏んで急な坂道を登ると、突然視界が開け、物語の中に迷い込んだような建物が現れます。

　「村上ウッドワークス」のギャラリーの中には、ハンドメイドの木工雑貨がずらり。キーホルダーから椅子まで、「普段使いで気分が良くなるモノ」をテーマに作られた品々です。

　「椿商店」(p33) や「Catch the Beer」(p47) で使われている椅子もこちらの作品。座り心地がよく、すべすべ滑らかな木肌が優しい、孫の誕生祝いに送りたくなるようなそんな品。

　表面に凸凹とノミ跡が残るシリーズも目立ちます。お盆やお皿、カッティングボードやスプーン。細かい作業は大変そうだけど、無心でコツコツ彫り上げていく過程は、瞑想のようにリラックスできるそう。

　ネット通販も充実しているけど、樹種ごとに異なる色味と質感、ギャラリーの雰囲気に触れると、「ここまで足を運んでよかった」と思うこと請け合い。少しわかりづらい立地なので、ホームページの地図にしっかり目を通してから向かうことをおすすめします。

| CRAFTS |

村上ウッドワークス
map-ⓐ
屋久島町楠川1693-281
Tel.080-1418-1476
10-18時 (夏季)　10-17時 (冬季)
＊定休日は WEB で要確認
k-woodcraft.com

森の中の明るいギャラリーもセルフビルド

古都蕗

石畳の先にある、硯職人が営む食事処

　苔むした石畳の坂道を踏みしめ上っていくと現れる一軒の庵。硯職人の亭主の美意識が張り巡らされた空間が、そこにはあります。薄暗い店内を照らす電気の傘ひとつ、純白のサザンカ1輪……、数年ののちにふっと記憶によみがえりそうな、そんな風景がそこここにあります。

　「ご飯は炊きたて、味噌汁は作り立てを出したくて」と、食事は、前日までの完全予約制。冷たいものを冷たく、温かいものを温かく。旬の山の幸と海の幸を盛り込んだ料理が、1品ずつ目の前に供されていきます。

　喫茶は予約なしで利用可能。石をこよなく愛する亭主自ら、ひとつひとつ石を積み、自生する植物を生かしつつ手を入れた庭は、季節ごとの風情も楽しめます。

　夜は、食事の予約を受けた場合のみの営業なので、ほぼ貸し切り状態。奥のふたり掛けのテーブル席からは、宮之浦の夜景。派手ではありませんが、民家の楚々とした灯りが静かにゆれる様は、星空を映したようにロマンチックです。コース料理は昼2,100円（税込）、夜3,200円（税込）、各8名まで。

半個室になった奥のテーブルから夜景が望める

RESTAURANT

古都蕗（ことぶき）
map-C
屋久島町小瀬田1482-20
Tel.0997-43-5317
12-17時（喫茶）　水・木・金休

やわら香

屋久島素材の香り工房

　夏休みに子連れで屋久島を旅するなら、工場見学やワークショップでも挟んで自由研究、なんて一石二鳥を狙いたい。

　屋久島産の原料を使ったエッセンシャルオイル工房「やわら香」は、そんな狙いにぴったり。屋久島の地杉の間伐材をチップにして蒸し、蒸気を冷やしてエッセンシャルオイルと芳香蒸留水を分離する過程が、ガラス張りの工場で常時公開されています。1キログラムのチップから1グラムしか採れない、とっても贅沢なオイルです。

　幹と枝葉の香りの違いとか、屋久杉と地杉の違いとか、屋久島の杉と本州の杉の違いとか、間伐による杉山の手入れが里山の保全にいかに重要かなど、オイル1滴から知識は縦横に広がります。

　ただ見学するだけでなく、アロマスプレー作り（税込1,200円）や、オイル作りの副産物「ディープウィーター」なる黒々とした地杉のエキスで手ぬぐいを染めるワークショップ（税込2,800円）もあって、組み合わせたら、それはもう完璧なレポートが書けそう。

　直売所には、定番のオイルやフレグランスウォーターだけでなく、好きなオイルを垂らして使うサンゴのアロマペンダントや、黒い芯が特徴的な地杉の輪切りコースターなど、アロマ雑貨も充実。地杉の板を芯に使ったミツロウキャンドルは、火を灯すとパチパチと焚き火のような音がして、ミツロウの特有の甘い香りが立ち上り、なんとも癒されます。オイルを絞った後に残るチップを乾燥させて再利用した屋久島産のお香作りキットや、甘く香る地杉のお茶、地杉とレモンのジェラートなんていう変わり種もあります。

　香りは、五感の中でも記憶を呼び起こす働きが強いといわれています。旅の記憶を反芻するためのアロマ雑貨なんて、ちょっと特別な買い物になりそう。

SHOP ★体験可

やわら香
map-b
屋久島町楠川1471-5
Tel.0997-42-0109
12-17時　1・2月は不定休
yawaraca.jp

工場に併設された直売所は、香りにまつわる商品が充実。買い物だけにちょっと立ち寄っても

hiyoriya

甘、辛、しゃん（酸）揃って、お腹も心も満足のヴィーガン定食

　ふんわりとした優しげな雰囲気からは想像できない、パンチの効いたヴィーガン料理を繰り出す店主の鷹木明香さん。杉の板に整然と並んだ向付けは、柿の白和え、ニラのおひたし、人参のナッツ和え、青菜の海苔巻き、芋の巾着。ほんのひと口ながら、深い印象を残します。「あの時のあれはおいしかったな」なんて、同じ食材に触れるたびに記憶に上る料理です。

　手作りの胡麻豆腐や千切りのフライドポテトをトッピングしたポテトサラダも「hiyoriya」のスペシャリテ。甘い人参のフライも、ほくほくのひよこ豆のフリットも、雑穀と舞茸のカキフライ風も、丁寧な下処理をされた料理は変化に富んで、お腹も心も満足させてくれます。これらのおかずを引き立てるのが、ほんのり塩気を感じるモチモチの酵素玄米。調味料にも自家製の甘酒や塩麹や柿酢、発酵食品をたっぷり使っています。

　レジ横に並ぶ焼き菓子もヴィーガンかと思いきや、その半分は、バターや卵をしっかり使ったオーセンティックなサブレやスコーン。たとえヴィーガンじゃなくたって、「好きだから作る」。店主の食に対する真剣な姿勢が伝わってくるのは、こんなところから。

RESTAURANT

hiyoriya（ヒヨリヤ）
map-e
屋久島町小瀬田 1436-35
Tel.0997-43-5400
12時 - なくなり次第
月・火・水は応相談、ディナーは要予約
＊ Instagram アカウントあり

料理にはできるだけ屋久島産無農薬野菜を使用

Catch the Beer

島の香りを閉じ込めたクラフトビール醸造所

「小瀬田」バス停からすぐの醸造所。
クール便での地方発送も可能

屋久島の地杉や、島の特産品であるタンカンやパッションフルーツなど、個性豊かなフレーバーを取り揃える、屋久島初のクラフトビール醸造所「Catch the Beer」。ラベルは「一湊珈琲焙煎所」(p27)と同じ、屋久島在住のデザイナー、Eric Vivianによるもの。屋久島の森で採取された「屋久島千寿天然酵母」を使ったビールのみ、「カフェギャラリー百水」(p35)所属のゆうこりんが担当している。

瓶ビールは島内の飲食店でも飲めるけれど、醸造所ではタップルームなるテイスティング用のバーカウンターで、できたての生ビール(税込600円から)が飲めるのです。壁に備え付けのタップ(注ぎ口)は5つ。定番の味から、瓶詰めするに至らない小ロットのビールまで、ラインナップは結構な頻度で入れ替わります。ルビー色のハイビスカスや、杏仁豆腐みたいな香りの枇杷の種フレーバーなんてユニークなものも。

センダンの大木が印象的な小瀬田公民館の広場に車を止めたら、旧県道沿いにある小瀬田郵便局へ。その並びにある小さな民家を改装した建物は、本当に"マイクロ"なブルワリー。気をつけていないと通り過ぎてしまうのでご注意を。

BEER

Catch the Beer
(キャッチザビア)
map-
屋久島町小瀬田9-5
Tel.0997-43-5870
13-18時　日休
＊Facebookページあり

樹林

タウン誌『生命の島』ゆかりの喫茶店

　20年の長きにわたり島内外の人々に親しまれ、2009年に惜しまれつつ休刊したタウン誌『生命の島』が壁一面に並ぶ「喫茶 樹林」。かつて、この建物で『生命の島』は作られていました。通算84号、今でもバックナンバーがあるものは購入することができます。

　大きなツガのテーブルがでんと構える店は、高い天井と大きな窓が開放的な快適空間。編集部に併設された喫茶のメニューも、今は亡き日吉眞夫編集長が自ら考えたといいます。

　新メニューも増えたけれど、トーストセットにダブルの目玉焼きを添えるスタイルは、当時のまま。器には、民芸運動を象徴するエッグベーカーが使われています。

　「オーロラカレー」は、カレーポタージュといってもいいほどに、野菜がたっぷり溶け込んだマイルドな味わい。タンカンやスモモ、パッションフルーツやグアバなど、島のフルーツで仕込んだ色とりどりのジュースにかき氷シロップ。島のフルーツを使ったケーキも手作りです。

　広い芝生の庭に植えられた桜は、日吉氏の置き土産。毎年、見事な花を咲かせる密かなお花見スポットとなっています。

CAFE

樹林（じゅりん）
map-k
屋久島町小瀬田826-31
Tel.0997-43-5454
10-16時　日休
www.jurinn.com

広い庭を望むテラス席もすてき

イルマーレ

飛行機の見えるイタリアンレストランで絶品ピッツァ

プクッと焦げてほんのり粉を帯びたピッツァのふち。タバスコをかけるタイプのピザではなく、ナポリの風を感じるほうのピッツァなのです。

ほんのり塩味を帯びたふっくらモチモチの生地が、シンプルな具を受け止め引き立てます。シンプルなトマトソースのマリナーラか、屋久島産原木椎茸とキノコペーストが、我が家の定番。

都会からやってきた友人たちを、胸を張って案内するイタリア料理店で、「今まで食べた中で一番のピッツァ」の称号をいただいたこともあるほど。屋久島の宿泊施設は、お魚中心の和食を提供するところが多いので、ランチに案内するのはこんな店が喜ばれるのです。

屋久島空港から徒歩2分。滑走路の見えるロケーションは、子どもたちにも人気。テイクアウトもできるので、近くの公園や海辺でピッツァパーティーもできちゃいます。

要予約のディナーは、ぐっと大人の雰囲気。コース料理のドルチェは、記念日を祝うケーキに変更も可能なので、事前に打ち合わせておいて、小さなサプライズを企画するのも、忘れられない旅の思い出になりそう。

種子島のロケット打ち上げもここから見られます

RESTAURANT

イルマーレ
map-m
屋久島町小瀬田 815-92
Tel.0997-43-5666
11時半-15時、18-21時　木休
www.ilmare3.jp

ぷかり堂

ブレスレット作って、コーヒー飲んで、長居したくなる土産物店

　島を離れる小さな友だちに、屋久杉製ビーズの入ったブレスレットを贈ったことがあります。色とりどりのビーズの中から、相手を思ってひと粒ひと粒選んでいく作業は、楽しいもの。予約不要で1,500円（税別）からというのも魅力的です。

　屋久島空港そばの土産物店「ぷかり堂」には、こんな体験コーナーの他に、その場で買ったおやつをつまんだり、ドリップバッグのコーヒーやクラフトビールを飲んだりできる飲食コーナーがあって、ついつい長居したくなってしまいます。

　この店でぜひとも手に入れたいのが、無料かつオリジナルの「やくしまランチ＆カフェマップ」。飲食店が集中する宮之浦と安房間に特化した内容ですが、毎年、最新のショップ情報がコンパクトにキュッとまとまっているので、とっても便利。WEBから事前にダウンロードすることも可能です。

　このマップを活用してほしいと、レンタサイクル（3時間・税別500円から）も用意してあります。晴れたら1日くらいレンタカーをお休みして、サイクリング三昧なんて冒険もおすすめ。車の速さでは見えない島の宝を、発見できるかもしれません。

SHOP ★体験可

ぷかり堂
map-P
屋久島町小瀬田719-39
Tel.0997-43-5623
8時半-18時
水休（ハイシーズンは無休）
www.pukarido.com

オリジナルロゴ入りのテイクアウトカップもかわいい

プコチュ

屋久島産野菜たっぷりの韓国家庭料理

　屋久島で韓国料理というと意外に思われるかもしれませんが、魚介の濃厚なスープをベースに、屋久島産の野菜をふんだんに使った料理は、毎日でも食べたい優しい味付け。

　通常は食事付きの民宿として営業していて、5人以上の予約なら、食事だけの利用可能というハードルの高さですが、わざわざ予約して出かけたいクオリティです。

　韓国育ちの高田ヒジョンさんは、語学学校で日本語を学んだのち、日本の専門学校で調理師の資格を取得。ベーシックな和食、洋食も習得しているため、昼は韓国の家庭料理、夜のコースでは家庭料理をベースにした、多国籍料理を提供しています。

　食べることが大好きで、思い出の食べ物や研究中のメニューについて、いつも楽しそうに語ってくれるヒジョンさん。自ら野山で摘んだ、ツワブキやボタンボウフウといった、野草も積極的にメニューに取り入れます。

　お店は予約制ですが、オリジナルの甘辛い味噌「ごはん泥棒」は、島内の土産物店でいつでも入手可能。野菜スティックや冷奴にぴったりです。

店の入口に続く土の道は、秋にはツワブキの花で金色になる

RESTAURANT

プコチュ
map-q
屋久島町小瀬田 413-59
Tel.0997-43-5655

島 cafe La・モンステラ

屋久島産ほうじ茶で優しい茶がゆモーニング

> CAFE

島 cafe La・モンステラ
map-U
屋久島町小瀬田 413-68
Tel.0997-43-5080
8-12時（食事は11時半 L.O.）
日休
＊Facebook ページあり

　ハワイアンキルトのモチーフとして知られる"モンステラ"が、もりもりと茂るカフェ「島 cafe La・モンステラ」。
　屋久島では珍しい朝8時オープンの朝食カフェです。「福島木工家具店」（屋久島町尾之間）の地杉の家具にモンステラのステンドグラスと、ウッディでおしゃれな内装は「トーストセット」の気分だけど、イチオシは「玄米茶がゆセット」。近所の「八万寿茶園」（p54）から仕入れた無農薬のほうじ茶で炊き上げたおかゆは、お腹に優しく染み渡ります。
　セットには、どちらもサラダとゆで卵、ドリンク付き。ドレッシングのニンジンも屋久島産。サラダには、近所の直売所で手に入れた新鮮野菜が加わることも。
　朝食メインのお店ですが、旬のフルーツや「八万寿茶園」のお茶、「柴とうふ店」（p15）のおから、屋久島産の卵など、ご当地食材を取り入れた自家製スイーツも提供。高価な屋久島産マンゴーのシフォンケーキなんて、贅沢スイーツが登場することも。フルーツやアイスクリームとともに、ひと皿に盛りつければ、優雅なモーニングスイーツタイムの始まりです。

窓の外には、店名の由来ともなったモンステラが生い茂る

ル・ガジュマル

天井までかわいいが詰まった小さなお店

　「埴生窯」(p76)の平皿や「新八野窯」(p111)の花入れ、「Uruka」(p80)の夜光貝のペンダント、「しずくギャラリー」(p108)のポストカード、「まむずきっちん」(p26)の塩クッキーや「八万寿茶園」(p54)のお茶など、この本にも出てくる品々が勢揃いする「ル・ガジュマル」。

　入り口に整然と並ぶのは、店名の由来にもなった南国特有の植物、ガジュマルの鉢植え。ぷっくりとした個性的な幹が存在感を放ちます。土産物店？ 雑貨店？ 扱っているのは、屋久島にまつわるものばかりだけど、土産物然としていなくて、日常生活に馴染むさりげないものばかり。クリアファイルやTシャツ、マグカップといったオリジナル商品も充実しています。

　私のお気に入りは、注染という技法で染められた手ぬぐい。たたむとシンプルなデザインの手ぬぐいですが、広げると「屋久島」の文字やウミガメやトビウオが、控えめに配置されています。ウミガメ、ヤクシカ、ヤクザル柄の組み飴も、気分があがるお土産。ウミガメはサイダー、ヤクザルはバナナ、ヤクシカはいちごみるくと、味も3種類。もらった人の笑顔が見えるようです。

オリジナルキャラクターのビックが刺さった、ガジュマルの鉢植え

SHOP

ル・ガジュマル
map-t
屋久島町小瀬田413-74
Tel.0997-43-5011
10-18時　休業はSNSでお知らせ
＊Instagramアカウントあり

八万寿茶園

日本一早い新茶を屋久島から

　無農薬無化学肥料の茶作りに取り組んで30年、有機JAS認定を取得して15年。屋久島のオーガニックシーンを牽引してきた「八万寿茶園」が、近頃にぎやかです。「やくしま果鈴」（p87 ⓞ ）のフィナンシェや「まむずきっちん」（p26）のクッキー、「三畳食品」のぽんせんべいとコラボレーションした商品を発売したり、かわいらしいパッケージにリニューアルしたりと、新しいことに意欲的に取り組んでいます。

　仕掛け人は2代目の渡邉桂太さん。東京に暮らしながら、イベント出店やPRを手伝ってきましたが、このたび晴れてUターン。生産から加工、販売まで総合的に関わることとなりました。

　直売所の裏手、寒暖の差が大きい愛子岳の麓に広がる茶畑は、6ヘクタールすべて有機JAS認定されています。

　屋久島では、本州よりひと足早い、3月末から4月上旬が茶摘みのシーズン。日本で一番早い新茶ともいわれているので、ゴールデンウイークに旅行に来たら、できたてホヤホヤの一番茶を買わなくちゃ。ティーバッグタイプも充実しているので、ホテルの部屋でも楽しめます。

> **JAPANESE TEA**
>
> 八万寿茶園 （はちまんじゅちゃえん）
> map- ⓥ
> 屋久島町小瀬田532-24
> Tel.0997-43-5330
> 8時半 -17時
> www4.synapse.ne.jp/hachimanjyu

自家茶園のお茶が入ったオリジナルのカップアイスクリーム

屋久島縄文ファーム

試食歓迎、野菜のワンダーランド

「食べてき、食べてき」と気が付けば、両手には爪楊枝にささったパパイヤの漬物やカットフルーツ。おしゃべり上手な平田真理子さんの野菜愛に耳を傾けていると、20分はあっという間。

「屋久島縄文ファーム」は、夫であるその名も"耕作"さんが野菜やフルーツを育て、妻の真理子さんが売るという直売所です。好奇心旺盛なふたりは、スーパーでは見かけない新顔野菜や伝統野菜にも積極的。「はじめまして」の野菜が多いから、調理法や味の特徴、聞いてみたいことがたくさんなのです。

都会でバリバリ働いていた耕作さんは、仕事先で緑なす風景を目にした時、突然ふるさと屋久島への郷愁にとらわれたといいます。藪になっていた実家の耕作放棄地を地道に耕し、農園を作り上げてきました。

日持ちする野菜や、ハーブの種類も豊富なので、レンタカーのダッシュボードで乾燥させてコンパクトにしてから、お土産にしちゃうのも手。

猫の保護活動も行なっていて、資金集めのための猫マグネットなども販売しているので、そちらも要チェックです。

運が良ければ、店先でくつろぐ保護猫に会うこともできる

FOODS

屋久島縄文ファーム
map-X
屋久島町船行1045-270
Tel.090-1972-7951
10時半-17時半
＊Facebookページあり

KOSEDA

COLUMN
夏

定番。森の影がゆっくりと夏の夜空になじんでいきます。日が暮れると山からの涼しい風で、気温がぐっと下がるので、夜のお出かけには、薄手のストールなど羽織るものがあると便利です。

昼間も、木陰は涼しく、ひなたはジリジリ。油断するとすぐに真っ赤に日焼けしてしまうので、UV対策をお忘れなく。島民も晴れた日の12〜15時は屋外の活動を控えるほどなので、ゆっくりランチやお茶をして、日差しをやり過ごして、上手に朝や夜のお出かけを楽しみましょう。

海でも、ビキニや海水パンツ一枚の島民は見かけません。レギンス、長袖のラッシュガードやTシャツを重ねて、直射日光を防ぐのが常なので、肌を露出するのに抵抗がある人も、気兼ねなく海水浴を楽しめると思います。

ウミガメに会えるのも夏ならでは。運が良ければ漁港の中にも姿を現しますが、シュノーケルやダイビングだと、高い確率で出会えるそう。シーカヤックやSUP（スタンドアップパドルボート）でも遭遇できることがあるそうです。

SUMMER in YAKUSHIMA

―― 透き通る海でウミガメと一緒に泳ぐ ――

初夏は白い花の季節。芯に濃い紫をたたえたセンダン、ベル状に下向きに群れ咲くエゴノキ、長く伸びたシベが柔らかなハイノキは背が高く、道端に散り敷かれた様子と甘い香りでその存在を気づかせてくれます。

海辺には、ゴージャスなテッポウユリとハマユウ。日が暮れると、香りはますます濃く重く留まり、香りを撹拌しながら歩くような、感覚に包まれます。空には満天の星。流れ星だって、細い月の夜には見し離れれば、住宅街から少しけることができるでしょう。

思いがけず、お祭りに遭遇するのも旅の楽しみ。海の日に行われる「一湊浜まつり」では、漁船に乗せてもらって、一湊湾をひとめぐりしたり、夏休み中に開催される宮之浦の「ご神山祭り」、安房の「やくしま夏祭り」では、至近距離で打ち上げ花火を鑑賞できたり、都会とは違った体験をすることができます。お祭りの日程は毎年一ヶ月ほど前に発表されるので、興味のある方はぜひチェックを。安房川に船を浮かべて、涼みながら宴を楽しむ「流れ舟」も夏の

57

4
area

安房
ANBO

高速艇が発着する屋久島で2番目に大きな集落、安房地区。
宿泊施設も多くお店も充実しているエリアながら、
海、川、森と自然もたっぷり楽しめます。

川のめぐみを全身に受けて、ゆったり緑に染まる

水の青さか森の青さか、両岸に豊かな照葉樹林がせり出した安房川は、島の中でもひときわ青く穏やか。水面にはカヤックやSUP（スタンドアップパドルボート）が浮かび、各々が小さな水の旅を楽しんでいます。

水面から眺める岸辺の森も美しいけれど、高所から見下ろす森もまたよし。安房川上流にかかる「松峯大橋」◎ に立つと、ぽこんと突き出た明星岳、ブロッコリーのような密度をもって盛り上がる森や、青い川に浮かぶ色とりどりのカヤック、遠くには水平線や安房の町も少しだけ見え隠れしています。

安房川の河口にある安房港には、鹿児島や種子島からやってくる高速艇が発着。同じく高速艇がやってくる宮之浦に次いで、安房は屋久島で2番目に大きな集落なのです。

安房港近くの「エコタウンあわほ」には、観光案内所やスーパー「Aコープ」、地元産の水産加工品が充実した「屋久島漁協 特産品加工販売センター」❶ (p68)が入っています。

日本一のトビウオの水揚げ港として知られる安房ですが、戦後は屋久杉の積み出し港として栄えました。川に並行した通りに飲食店がひしめき、夜は人であふれていたといいます。昭和の繁華街建築特有の外壁を飾る豆タイルや古い看板に、往年のにぎやかさが偲ばれます。

そんな昭和の風情を感じさせる一軒が、古い肉屋を改装したエスニックデリ「Warung Karang」❶ (p72)。川沿いのカウンターに腰掛けると、窓の向こうには日差しを避けるように橋の下で涼む人々。青く静かな川とともに、とろんとゼリーに閉じ込められたようなけだるい夏の午後。川辺の時間はゆっくりと流れていきます。

現在、屋久杉の伐採は禁止されていますが、当時の名残で、安房周辺には、屋久杉製品の販売店が多く、一軒一軒が集まって町全体でひとつのミュージアムを形作っているよう。数百万円から数百円まで、それぞれ特長ある製品やサービスを揃えています。

縄文杉の日帰り登山では、屋久杉の積み下ろしに使われたトロッコ道を歩きます。安房は、縄文杉へ続く荒川登山口に最も近い集落ということで、宿泊施設もたくさん。登山口までのくねくね道をバスにゆられるのは、けっこうしんどいもの。早朝に出発する必要がある日帰り登山では、どの集落に泊まるかで、睡眠時間やアクセス時間がだいぶ違ってきます。

登山バスの発着所ともなっている「屋久杉自然館」⓾ (p78)は、「屋久杉のすべてを知ることができる博物館」。屋久杉製品選びや森歩きの前に訪れたいスポットです。ここから車で30分ほど上った「ヤクスギランド」ⓥ は、本格的登山をせずとも、屋久杉の森を体感できる場所。パンプス姿のバスガイドさんを見かけるほど気軽な30分コースから、しっかり歩く150分コースまで、体力に合わせて様々なコースが設定されています。団体さんと重ならなければ、比較的空いている穴場スポットなので、自分のペースでゆっくりと森歩きを楽しめます。

一日の締めくくりは、暮らしの中に生きる屋久杉を感じながら。安房川のほとりに佇む「散歩亭」❶ (p77)は川に浮かぶ船のよう。ウィリアム・ブラワー・ウッドワークスによる開放感のあるダイニングを通り抜けると、奥のバースペースに鎮座するのは、分厚い屋久杉のカウンターとテーブル。屋久島が世界遺産に登録されるずっと前から、この場所で旅人や島人を受け止めてきたこの屋久杉は、どんな物語を語り出すのでしょう。

Explore point

- **a** 雪苔屋（ゆきごけや）(p62)
- **b** 枕状溶岩 田代海岸
  ハワイのキラウエア火山付近でもみられる独特の地質の海岸
- **c** きらんくや (p67)
- **d** 武田館 (p64)
- **e** 小屋カフェ 日と月と (p65)
- **f** 屋久島漁協 特産品加工販売センター (p68)
- **g** 山岳太郎 (p66)
- **h** 安房公民館
  広い駐車場は24時間利用可能。ここに車を止めて町歩きすると安心
- **i** 焚（たきび）キャンドル
  キャンドル作り体験（要予約）も受け付けているキャンドルショップ
  Tel.080-5203-7165　9-17時半　不定休
- **j** スマイリー (p69)
- **k** Pon-Pon YAKUSHIMA（ポンポンヤクシマ）(p70)
- **l** Warung Karang（ワルンカラン）(p72)
- **m** じぃじ家 (p74)
- **n** 埴生窯（はにいがま）(p76)
- **o** 松峯大橋
- **p** 散歩亭 (p77)

安房
- ANBO -

q しいば
焼きたてパンや手作りスイーツを販売するスーパー、イートインスペースあり
Tel.0997-46-2002 8-19時 火休

r 本坊酒造 屋久島伝承蔵 (p79)

s Uruka（ウルカ）(p80)

t けい水産 (p81)

u 屋久杉自然館 (p78)

v ヤクスギランド
Tel.0997-42-3508（屋久島レクリエーションの森保護管理協議会）8時半-16時半 高校生以上1人500円（森林環境整備推進協力金）

雪苔屋

大胆可憐な焼き菓子と自家焙煎コーヒー、ふわふわのかき氷

　その土地の木を使って家を建てる、という話はよく聞くけれど、その土地の土を使って"タイル"を焼くなんて。「雪苔屋」で使われている素焼きのタイルは、「埴生窯」(p76)にオーダーしたもの。埴生窯も、初のプロジェクトに楽しんで取り組んでくれたのだそう。エントランスのタイルには、乾燥中のハプニングをそのまま生かして、猫のあしあとが残されています。
　木の化石をくり抜いた手水鉢、島の広葉樹をふんだんに使った「オダカ製作」の内装、「SOLMU PUUT」(p110)の家具など、雪苔屋には物語のあるディテイルがそこここに仕掛けられています。
　名物は、店名の由来にもなった、手動の氷かきで削られるふわふわのかき氷。黄色いタンカンやパッションフルーツ、真っ赤なスモモなど、屋久島産のフルーツを使った自家製シロップが贅沢な味わい。
　私のお気に入り、夏季限定の「海のザブン」は、ソーダに浮かぶカラフルなフルーツとナタデココ、グラスの縁には塩の粒。ソーダの青にレモンの黄色が映えて、夢のような美しさです。冷たい飲み物には、かき氷を作る際にできる大きな透明氷が、クリスタルのようにひときわキラキラと光って、飲み物の色を引き立てるのです。
　焼き菓子も充実。マフィンには大粒のクランブルや大きくカットされたフルーツ、勢いのあるアイシング、クッキーはナッツやドライフルーツがたっぷり。オーナーのおおくままりなさんが手がける焼き菓子は、絵本に出てくるお菓子みたいに、大胆で可憐。彼女そのもののように、かわいらしいけどガツンと印象に残る味なのです。まりなちゃんの手による刺繍のピアスやブローチも少しだけ販売しているので、そちらのチェックもお忘れなく。
　この店で自家焙煎コーヒーをドリップするのは、夫のよしゆきさん。手作りのネルで丁寧に抽出されたコーヒーは、トロリと濃厚なエキス。本を片手にゆっくりちびちび、大人の時間を演出してくれます。

SWEETS

雪苔屋（ゆきごけや）
map-a
屋久島町船行 1057-97
Tel.080-4410-2706
11-18時　金休
yukigokeya.blogspot.com

夏に出まわる屋久島産のスモモでシロップを作ったかき氷。器を愛でるのもこの店の楽しみ

武田館

作業工程も見られる屋久杉のワンダーランド

　江戸時代、年貢の代わりに屋根材として薩摩藩に納められていた屋久杉は、樹脂をたっぷりと含んで重く、一般的な杉とは異なる個性を持っています。屋久杉専門店に一歩足を踏み入れると、屋久杉特有のスパイシーで重厚な香りに包まれます。

　屋久杉の搬出で栄えた安房集落には、今もたくさんの屋久杉工芸店が立ち並びます。その中の一軒「武田館」は、創業1962年。もともと屋久杉を山から里へ下ろす会社として創業し、「屋久杉自然館」(p78) のエントランスに飾られているトロッコも、この会社が寄贈しました。この店の特長は、"見える"製造工程。敷地内に原木が積まれていたり、併設された工場の作業工程を見学できます。屋久杉といっても、高価なものばかりではなく、数百万円から数百円まで、品揃えも豊富。小さな箸置きやキーホルダーでも、ちゃんと屋久杉の香りが。名入れやオーダーメイドにも対応しています。

　屋久杉専門店ながら食品も充実しているのが、この店のもうひとつの魅力。しかも試食コーナーには、麦茶と椅子が用意されている太っ腹なサービス。島で唯一、「sankara hotel&spa 屋久島」(p90) のオリジナルジャムなど、レアな商品も並んでいます。

CRAFTS

武田館
map-d
屋久島町安房 650-18
Tel.0997-46-2258
8-18 時
www.yakusugi-takeda.com

島の名物が描かれた壁画も、味わい深い

小屋カフェ 日と月と

期間限定スペシャルドリンクを繰り出すびっくり箱

「日と月と」のメニューはめまぐるしい。あるときは、ピンクのスモモとココナツのソーダに紫のバタフライピーゼリーが浮かんだ「宇宙ソーダ」、またあるときは屋久島産の卵を使った「ミルクセーキ」、メロン以上にメロンな「本気のメロンソーダ」、スイカ以上にスイカな「スイカソーダ」など。季節の食材を使ったスペシャルドリンクが次々に繰り出され、小さなドリンクスタンドは、びっくり箱のように訪れる人を楽しませてくれるのです。

テイクアウト専門店ではありますが、店頭のベンチに腰掛けて、店主の川口明子さんとの会話を楽しみながら、いただくことも可能。

明子さんのもうひとつの顔は、フリーランスのウエディングプランナー。屋久島全体をフィールドとして、山や海、宿泊施設やレンタルスペースなど、島民ならではのコネクションを駆使し、写真撮影から本格的なパーティーまで、季節やお天気に合わせてあらゆるプランを組み立てます。いうなれば「楽しませ屋」、そして「楽しみ屋」。相手の楽しむ顔を思い浮かべながら、様々なアイデアや趣向を繰り出すのは、ドリンクスタンドもウエディングも一緒なんだなぁと、そんな風に思うのです。

屋久杉工芸「杉匠」の広い駐車場に建つ小さな小屋

DRINK

小屋カフェ 日と月と
map-e
屋久島町安房 650-113
8-17時（日曜のみ10時から）
＊Facebookページあり

山岳太郎

クライミングウォールのあるアウトドアショップ

　自転車大会に参加する当日、慌てて買った「RIPEN」のサコシュは、ファスナーのないシンプルなデザインが使いやすく、親子でいまだに愛用中。キャンプ当日に慌てて購入した「LIGHT MY FIRE」のスプーン、フォーク、ナイフが一体化したカトラリーもバーベキューやお弁当のおともに活躍中。慌てないように、前もって準備すればいいだけのことではありますが、いざというときに心強いのがこのアウトドアショップです。

　旅先、ましてや離島への旅ともなると、心配であれもこれも荷物に詰め込みがちですが、この店があれば安心。アルファ米やガスカートリッジなどの消耗品はもちろん、長く使える良い品がそこここに揃っています。ドアを開けて、真っ先に目に飛び込んでくるのは、カラフルなクライミングのウォール。無料で体験できるので、登ってみたい人はスタッフにひと声を。「屋久島ボルダー課題集」も販売していて、島のボルダリング情報もこの店に集まっています。

　登山用品などのレンタルもやっているので、その後あまり使わなそうなアイテムや、成長期の子どものウェアを利用するのもおすすめ。経験豊富なスタッフがグッズ選びの相談にも乗ってくれます。

SHOP

山岳太郎
map-g
屋久島町安房410-8
Tel.0997-49-7112
9-18時半
andes-k.co.jp

レンタル品は幅広く、ベビーキャリーやコーヒーの道具セットまで

きらんくや

屋久島特産の鯖節と銘水が引き立てる手打ちそば

　水道水だってミネラルウォーターに負けないほどおいしい屋久島、我が珈琲店でも「これって普通の水ですか?」と尋ねられたことは一度や二度じゃありません。おいしい料理におしい水は不可欠ですが、なかでも水のおいしさを堪能できる料理といえば、そば。しかも、屋久島産の本枯鯖節と鹿児島産の本枯鰹節のだしでいただけるとあっては、行かないわけにはいきません。

　小さな看板を目印に、海辺のガタゴト道を進むと現れる一軒の店。わかりにくい場所ですが、昼間は地元客でにぎわっています。のどごしのいい二八そばに、キレのある上品なつゆがからむ「もりそば」と、限界までだしを含んだ「卵焼き」の組み合わせが、我が家の定番。春には「桜えびのかき揚げ」、夏には「あおさ海苔のぶっかけ」と、季節の限定メニューもあります。

　夜はしっとり静かな雰囲気。「天ぷら盛り合わせ」や「地鶏焼き」など、夜だけの一品料理も充実していて、特産の焼酎はもちろん、店主厳選の日本酒がすすみます。食事を終えて、一歩外に出ると満天の星空。人口の少ない島といっても、町なかと人家がまばらなエリアとでは星の見え方がまったく違うのです。

アンティークの器が飾られた落ち着いた店内

RESTAURANT

きらんくや
map-C
屋久島町安房 540-234
Tel.0997-46-4610
11時半-14時半・18-21時　火休
kirankuya.la.coocan.jp

屋久島漁協 特産品加工販売センター

漁協の直売所は、週に3日のお魚レストラン

　漁協直営の食堂がおいしくないわけがない。
　トビウオの漁獲高日本一の安房漁港から徒歩5分の「屋久島漁協特産品加工販売センター」奥のイートインコーナーは、木・金・土の昼、週に3日のみのオープンです。
　ミニとびうどんが付いた「海鮮丼セット」が1,000円（時価・税込）、「漬け丼セット」が800円（税込）、とびうどんにミニ海鮮丼が付いたセットが800円（税込）。とびうどんとは、トビウオのすり身をそのまま麺にして、温かいだしをかけた魚麺。だしにもトビウオの骨をふんだんに使い、すり身を小判状に丸めて油で揚げた郷土料理「つき揚げ」もトッピングされた、トビウオづくし。うどんのだしを残しておいて、だし茶漬け風にいただくのも乙なものです。
　センターの奥は、水産物の加工所になっていて、獲れたてのトビウオのすり身や、切り身、つき揚げを冷凍したものを直売しています。運が良ければ、「トビウオの真子」なんていう珍しいものも。魚介類をすり身や、切り身にして直売しています。2016年度の鹿児島県漁業振興大会で水産庁長官賞を受賞した瓶詰めの「飛魚フレーク」も、ふわっと優しい味で絶品です。

FOODS・RESTAURANT

屋久島漁協 特産品加工販売センター

map-
屋久島町安房410-155
Tel.0997-46-2323
9-17時（※イートインコーナーは木・金・土の11時半-13時半）
＊FB「屋久島おさかなNET」

ランチは魚の水揚げ次第で売り切れることもあるので、早めの入店が吉

スマイリー

海を臨むケーキショップ併設のカフェ

　ケーキショップが営むカフェ「スマイリー」のマフィンサンドイッチは、全粒粉入りのイングリッシュマフィンから自家製。季節の野菜のスープと飲み物、プリンが付いて980円（税別）から。焼きたてマフィンのサクサクとコーングリッツの香ばしさ、新鮮なたっぷりレタスのシャキシャキの歯ざわりが、なんとも心地いいのです。

　もちろんケーキも充実。ショーケースに並ぶのは、日替わりでチーズケーキ、ビターショコラ、季節のフルーツを使ったタルトやミルクレープ、シフォンケーキ……。ホールケーキの予約もできるので、旅先でのお祝い事にも重宝です。自家製の生しぼりタンカンジュースやパッションフルーツジュース、屋久島産の紅茶やハーブティーなど、飲み物にも島の恵みが生かされています。

　店内でのみ、いただけるパフェもおすすめ。キャラメルプリンパフェは、ふわふわのシフォンケーキにちょっとコシのあるプリン、アイスクリーム、キャラメルクリームと、どれも自家製の手の込んだ味。季節ごとの島のフルーツのジャムやソース、島の風物をかたどったクッキーやパウンドケーキなど、日持ちするオリジナルのお土産も。滞在中、何度も通いたくなるお店です。

明るい店内。潮風吹き抜けるテラス席もあり

CAFE

スマイリー
map-**j**
屋久島町安房122-1
Tel.0997-46-2853
9時半-18時　火休
www.cafe-smiley.com

Pon-Pon YAKUSHIMA

手縫いで作り上げる世界にひとつだけの靴

　中世の靴屋さんもこんな風に作業していたのかな、なんて思うほど、素朴な工房で手縫いで靴を仕上げる店主の江口克司さんは、この道30年。
　使い込まれた針や台など、長い時間をかけて自分の身体の一部となって馴染んできた道具たちが、江口さんの仕事を支えています。
　東京や横浜で修業を積んできた江口さんが営む「Pon-Pon YAKU-SHIMA」は、手縫いで仕立てるセミオーダーの革靴（税別22,000円から）専門店。
　長い付き合いの顧客の足の形や歩き方の癖は知り尽くしていて、メンテナンスしたり、新作を縫い上げたり、注文は日本各地から舞い込みます。
　工房の外でも考えるのは靴のこと。自作の革靴を履いて、磯釣りに畑仕事にと実証実験に励みます。雨の多いこの島でも、ソールを選んで、きちんと手入れさえすれば、快適な革靴生活が送れるそう。登山靴のクリーニングやメンテナンスも受け付けています。
　靴以外にも、靴作りの際に生まれる小さな端切れを活かした小物は、同じ物がふたつとない一期一会のスペシャルな品。島の植物で草木染めした糸でステッチされたキーカバー、拾った貝殻や夜光貝で作られたボタンを組み合わせたポーチやブレスレット、手のひらにすっぽり収まる靴べら……。革の色や風合いを見比べながら、自分にぴったりのひとつを選ぶのもまた楽し。控えめに小さく押された「Yakushima」の刻印が、旅の思い出を呼び起こしてくれます。革は使っていないけれど、流木と貝殻で作られたシャビーなレリーフもいい味をだしてます。
　古い商店街の中にある工房には、駐車場がないので、公民館に車を止めて、そぞろ歩きを楽しんで。工房の隣には雑貨店「ハイジ」と「ワッチcafé」、さらに隣には、中国茶器なども扱うエスニック雑貨店「Seirios（シリウス）」が並んでいて、雑貨店のはしごも楽しめます。

CRAFTS

Pon-Pon YAKUSHIMA
（ポンポンヤクシマ）
map-k
屋久島町安房110-1
Tel.080-5075-6743
11時半-17時　不定休
＊Instagram アカウントあり

トラッドなドレスシューズから、カジュアルな革スニーカーまで、作風は幅広い

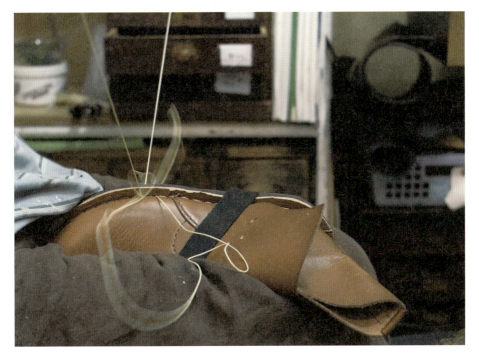

Warung Karang

川辺のエスニックデリでワンプレートランチ

　島内では、元の建物をうまく活かしたリノベーションが多く見られます。中でも秀逸なのがこの「Warung Karang」。肉屋の名残という、薄いブルーのタイルの壁とグレーのコンクリートの床。シルバーの配管と規則的に並ぶカウンターの脚、照明のコード。インテリアの直線の規則的なリズムが、窓の外の照葉樹の生命力あふれる濃い緑を引き立てます。

　幹線道路に架かる安房大橋のたもとに位置するこのお店。川沿いのカウンターに腰掛けると、潮の満ち引きに合わせて川は刻々とその色を変え、眺めていると時を忘れます。

　店名の「Warung」は、インドネシア語で「小さい店」、「Karang」は「珊瑚」を意味するそう。海とバリ島をこよなく愛する店主の鬼頭万貴さんが、「山だけでなく、ウミガメや珊瑚もたくさん見られる屋久島の海の魅力を知ってほしい」と名付けました。

　この店でいただけるランチは、屋久島産の野菜をふんだんに使ったエスニックなお惣菜。ショーケースに並んだ10〜20品のお惣菜から好みのものを選んで、ご飯とグリーンサラダとともに、ひとつの皿に盛り合わせるバリ島風のスタイル。5品1,200円（税込）が基本料金で、あとはお惣菜の数に応じて料金が変わります。

　かわいいランチボックス（税込750円から）に詰めてテイクアウトも可能。近くの「春田浜海水浴場」や「健康の森公園」で気軽なピクニックも素敵です。

　ディナーはコース料理で、前日までの予約が必要ですが、予約状況によっては当日でも対応可能なので、念のため確認を。

　駐車場が少し離れているので、事前にホームページなどで確認することをおすすめします。

RESTAURANT

Warung Karang（ワルンカラン）
map-❶
屋久島町安房 103-2
Tel.070-4416-4567
11時半 -15時・19-23時
（夜は要予約）　水・木休
warung-karang.com

グリーンカレーやスープ（冬季限定）など、温かいおかずや別料金で頼めるスイーツもあります

じぃじ家

荒物屋をリノベーション、島の食材を生かしたモダン居酒屋

　安房川の左岸、戦前から地元で親しまれた荒物屋を改装した簡素な建物と、地元の食材を生かした洗練された料理とのギャップが魅力の「じぃじ家」。文字通り、店主の日高武士さんのおじいさんが営んでいたお店を最小限の改装で生かしました。大黒柱には、古い棟札が残ります。カウンターには、一人旅のお客さんもポツポツ。暮れなずむ川を眺めながら、時間がゆっくり流れていきます。

　皮から手作りした「ヤクシカ肉の水餃子」、一湊中学校跡で栽培されている「縄文キクラゲの天麩羅」、「屋久島産椎茸のクリームパスタ」、「サバ節チャーハン」など、島の食材が、定番とはちょっと違う味付けで楽しめるのが、島民にとっても新鮮。自由に選べる「焼酎3種呑み比べset」なんていう楽しいメニューも。店の奥には個室もあり、子連れもリラックスして楽しめる雰囲気。ハイシーズンには予約した方が安心の人気店です。

　店主のもうひとつの顔はラジオのインタビュアー。MBC 南日本放送の「やくしまじかん」という番組で、毎週、屋久島のトピックスを自ら取材、紹介しています。鹿児島のラジオ局ですが、インターネットでも聴けるので、島の情報収集にどうぞ。

IZAKAYA
じぃじ家

map-m
屋久島町安房 67-4
Tel.0997-46-3087
18-23 時
biground.net/ji-jiya

地魚茶漬けは、料理の締めにもぴったり

さーや YOGA

夜明けのビーチで手足をのばして、清々しい一日のはじまり

　ゆっくりと近づく島影を瞳に焼き付ける船旅も島の醍醐味ですが、まるで瞬間移動のように島の空気の中に降り立つ、空の旅もまた深い喜びをもたらしてくれます。

　屋久島の名物と尋ねられて、笑い話みたいに「水道水！」なんて返すこともしばしばですが、この甘く濃い空気もまた、緑豊かな雨の島ならでは。水と違って、お土産にするのはむずかしいけれど、この空気を満喫するにはヨガ。一に呼吸、二に呼吸、呼吸を通じて心身の健康を深めるヨガが一番ふさわしいのでは、と思うのです。

　さーや先生こと秋山清香先生は、ビーチやレストラン、島中のさまざまな場所にも出向いて、教室を開いてくれます。真夏のビーチヨガのスタートは、朝5時半！ 孵化した子亀たちの足跡が無数に残る、夜明けの砂浜は清々しく、夜気を含んだ潮風が心地よく肌を包み、水平線には、遠い島影がくっきり浮かびあがります。

　じっくりからだをほぐし、シャバーアーサナなる休憩ポーズで波の音に包まれながらリラックスしたあとに、お茶とおやつをいただきます。さーや先生が手がけるパラグアイの伝統刺繍「ニャンドゥティ」のアクセサリーも、とってもすてきなのでぜひチェックを。

島の植物で染めた糸で屋久島モチーフを刺繍することも

YOGA ★体験可

さーや YOGA
＊安房内でスタジオ移転予定
（出張ヨガも可能）
Tel.080-3390-7182
yakushima-yoga.jp

埴生窯

島の恵みが息づく、物語のある器

　みっしり整然と積み上げられた薪の山は、窯焚きが近いことを示しています。穴窯を使った陶房「埴生窯」は、景勝「松峯大橋」のたもとの森の中。窯焚きの日、煙突から立ち上る白い煙は、霧とともに森の中に吸い込まれていきます。

　シンプルな日常使いの器もたくさん並ぶ中、目を引くのは、動物をモチーフにしたシリーズ。鹿や山羊、フクロウやウミガメといった身近な動物から、想像上の生き物まで。展示室に入るとみんなの視線を感じます。口元の「ω」が愛らしく、表情はどこかユーモラス、龍や狛犬だって、あんまり怖くはないのです。

　この工房で焼かれるのは、釉薬をかけない「焼きしめ」ですが、陶土の成分と薪の灰、窯に詰め込んだサンゴが反応して、焼きあがった器には「自然釉」といわれる天然の釉薬がかかります。森の恵みと海の恵みが手をつないだ屋久島ならではの器。どんな景色が現れるのか、窯を開けてみるまでわかりません。

　海に漂着したウミガメの甲羅、森で拾った鹿の頭蓋骨、工房のあちこちに散りばめられた断片は物語の中に迷い込んだよう。日々の暮らしの延長に作陶があることを思わずにいられません。

CRAFTS

埴生窯（はにいがま）
map-n
屋久島町安房 2294-45
Tel.0997-46-2179
＊Facebook ページあり

工房の日常を描いた漫画が連載されているSNSも読み応えあり

散歩亭

マジックアワーを味わい尽くす、川のほとりのダイニングバー

島の若者のオアシス、「散歩亭」。大きな窓越しに、夕暮れの弱い光に照らされた川の流れをぼんやり眺めていると、一日の疲れがほぐれていきます。太陽の光がすっかり消えて、水面が街の灯をくっきりと映しはじめるまで、1時間ほどのマジックアワー。

店に入ってすぐ、高い天井にロフトを設けた明るいフロアは、島内在住のウィリアム・ブラワー氏によって2004年に改築。中央のらせん階段と川に向かって全面ガラス張りの窓が、開放的な雰囲気です。扉で仕切られた奥のバースペースは、1975年の創業当時の趣をそのまま残しています。友人たちとにぎやかに酌み交わしたいときは手前のスペース、ひとりでのんびりグラスを傾けたいときは奥のスペース、と使い分けも自在。ふたつのスペースの間には、小さな座敷も用意されていて、子連れ客も珍しくありません。

カクテルから焼酎まで、お酒の品揃えも豊富。島内でも入手困難な「本坊酒造」(p79)の「駒ケ岳シングルモルト 屋久島エイジング」は「けい水産」(p81)のトビウオのスモークと、「無何有」は秘伝の「黒豚味噌」と。豊富なメニューの中からぴったりのマリアージュを探してみて。

対岸から望むと、川に浮かぶ船のような姿が美しい

RESTAURANT

散歩亭
map-P
屋久島町安房2364-17
Tel.0997-46-2905
11時半-15時（日休）・
18-25時（第1・3日休）
st-pote.sakura.ne.jp

屋久杉自然館

縄文杉に触れる、体験型のミュージアム

　スリッパは不要、ツガのブロックが敷き詰められた床を裸足でペタペタ。屋久杉をサンドペーパーで削って香りを嗅いでみたり、地杉で作られたからくりを動かしてみたり、工夫を凝らした趣向に大人も子どもも夢中になる体験型の博物館。

　山中の縄文杉は、遠くから望むだけで触れることはできませんが、ここには積雪で折れた大きな縄文杉の枝の実物が展示されていて、触れることもできるのです。屋久杉の長生きの秘密や人と森とのかかわり、屋久島の自然がよくわかる展示で、写真撮影も自由。

　屋久島の様々な木を使ったミュージアムグッズは、ここでしか買えないものがほとんど。樹種によって異なる色合いの違いを生かした、干支キーホルダーや手作りロボットキットなど、ひと味違うお土産を。ワンコインで地杉のスプーンなどを作れる「季節のクラフト体験」もあったりして、島民にも人気です。

　ミュージアムの魅力は本館だけではありません。敷地内に建つ別館には、つくば万博に出展された巨大根株が。小さな橋を渡ったお隣の「屋久島世界遺産センター」は入館無料で、屋久島の自然や世界遺産にまつわる展示が見られます。

| MUSEUM | ★体験可 |

屋久杉自然館
map-U
屋久島町安房 2739-343
Tel.0997-46-3113
9-17時　第1火・年末年始休
www.yakusugi-museum.com

入館料は、大人 600円　高校・大学生 400円　小・中学生 300円

本坊酒造 屋久島伝承蔵

伝統のかめ仕込みの焼酎蔵で大人の社会科見学

　屋久島在住の画家の作品をラベルに採用したり、国際的にも評価の高いマルスウイスキーの貯蔵庫を作ったり、何やらワクワクする取り組みを次々に打ち出してくる「本坊酒造 屋久島伝承蔵」。新しいことだけでなく、明治20年頃から受け継がれてきた古いかめでの仕込みなど、伝統もしっかり継承する、まさに「伝承蔵」。黒光りする大きなかめは、人が2、3人隠れられるほどの大きさ。今は製造されていない貴重な品なので、修繕しながら大切に使っているそう。

　工場見学は一年中予約を受け付けているけれど、実際の仕込みが見られるのは、秋冬。その時期工場は発酵熟成の甘い香りに包まれます。毎年春には、地域の住民へ新酒のお披露目を兼ねた「屋久島伝承蔵祭り」も開催され、おおぜいの人でにぎわいます。

　敷地内のショップには、テイスティングカウンターが備えられ、試飲をしながら、焼酎を選んで購入することができます。島でも珍しい麦焼酎「ONZE（オンズ）」や、「しずくギャラリー」（p108）の高田裕子さんがラベルを手がけた屋久島限定販売の芋焼酎「水ノ森」、同じく屋久島限定の「屋久の島」、グラスや前掛けといった蔵のオリジナルグッズも、喜ばれるお土産です。

工場に隣接する「盛久神社」の小さな森が、涼しい風を呼ぶ

SAKE

本坊酒造 屋久島伝承蔵
map-r
屋久島町安房 2384
Tel.0997-46-2511
9-16時半
www.hombo.co.jp

Uruka

虹色に輝く乳白色の貝でオリジナルアクセサリー

　つややかな乳白色を光にかざすと赤、青、緑と虹色の輝き。「夜光貝」とはよくいったもので、自ら光を放つようなこの貝は、古代から名物として、朝廷に献上されていたとか何とか。屋久島の語源になったともいわれる、島で多く獲れる貝なのです。両手に抱えるほどの大きな巻貝は、表面の苔色から芯に向けて白、象牙色の層になっていて、この色の違いを生かしながら、加工を施していきます。

　この貝を磨いて、アクセサリーを作るのが「工房Uruka」。オーナーのすなやんこと砂川聡さんの原点は漁具。趣味の釣りに使うルアーや釣り針を夜光貝で作りながら、技術を磨いてきました。フィッシュフックのペンダントは、今もすなやんのスペシャル。

　アクセサリーは、「ル・ガジュマル」(p53)や「ヒトメクリ.」(p34)でも手に入りますが、森に溶け込んだ有機的な工房はとっても魅力的。サーフボードのテーブル、カセットガスのスコップ、退屈した子どもたちが遊ぶための手作りの巨大ハンモック、そして猫や鶏がウロウロ。童心に返ったような気持ちで、「これは？」「あれは？」と質問責めにしてしまいます。アクセサリー作りの基本料金は、2時間2,000円（税込）。材料費込みでこの値段は、島民でも驚きです。

CRAFTS ★体験可

Uruka（ウルカ）
map-S
屋久島町安房 2405-255
Tel.0997-46-3053
9-18時　不定休
＊Instagram アカウントあり

砂川さんの特技は「石立て」。自作の石立て写真集は必見

けい水産

生ハムみたいなトビウオの薫製を製造直売

トビウオ漁師、田中啓介さんの悩みは、大漁の時の魚余り。冷凍するにもおすそわけするにも限りがある。それでも「いただいた命を無駄にしたくない」と、試行錯誤した結果たどり着いたのが「薫製」でした。

「けい水産」の薫製は生ハム風。断面は半透明で、ほどよい弾力が噛むほどに旨味を口中に広げます。お刺身で食べると淡白に感じるトビウオのどこに、これほどの味が詰まっていたのか、燻煙に使う桜ならではの甘い香りが素材の味を引き立てます。桜はもちろん屋久島産。台風などで倒れた桜の情報がここに集まってきます。

トビウオだけでなく、シイラ、メダイ、ダツ、安房港に水揚げされたばかりの新鮮な魚を、一度も冷凍することなく加工。切り身は細かい小骨もすべて取り除くため、高齢者や子どもにも安心です。

加工所があるのは、気持ちのいい森の中。加工風景が見える売店では、今は漁師をやめて薫製屋さんに専念する啓介さんの説明を聞きながら、じっくりと商品を選ぶことができます。薫製についてもっと知りたい方は、2時間程度の薫製体験を。一人3,000円（税別）で、出来上がった薫製はそのまま持ち帰ることができます。

看板に描かれているのは、ハワイで「マヒマヒ」と呼ばれるシイラ

FOODS ★体験可

けい水産
map-t
屋久島町安房 2407-239
Tel.0997-46-3797
9-18時
www.keisuisan.com

COLUMN
秋

九月から十月にかけての運動会シーズンが、ひと段落すると、「屋久島夢祭り」がやってきます。一万を超える灯ろうと打ち上げ花火が、安房川沿いを彩るロマンチックなお祭りです。夏の花火も素敵だけど、しっかり着込んでみんなと見上げる秋の花火も、またよし。

亜熱帯の島に紅葉はないように思われるかもしれませんが、秋も深まると常緑樹の中に真っ赤に色づいたハゼがポツポツと見える様は、火が灯るようです。

夏場には寂しかった魚屋の店先も、日に日に充実してくる季節。名物の首折れサバもふっくら太ってくるし、「秋太郎」なるそのまんまの名前のついたバショウカジキも、この季節のお楽しみ。伊勢海老も解禁になります。

そして秋は虹の季節でもあります。にわか雨が上がり、少し陽の光が感じられたら、太陽に背を向けてみて。視線の先には大きな虹が、ダブルレインボーを見ることもできるかもしれません。

は、運動会のため日曜に臨時休業することもあるので、気をつけて。

この時期、個人経営の店は、上なし。

AUTUMN in YAKUSHIMA

—— 虹を追いかけてドライブ ——

サキシマフヨウの大きな花が咲いたら秋です。
透き通るような薄い和紙を丸めてから広げたような繊細な花。蕾は濃い桃色で、開くに従いその色は薄くなっていきます。背丈よりも大きな木が、沿道のあちこちに群生していて、秋空に大きな花を咲かせています。フヨウの次は、ツワブキ。春におぼいしい新芽をもたらしてくれるツワブキは、秋、眩しい金色の花を咲かせます。照りのある濃緑の葉とのコントラストで、より輝いてみえるのです。
集落ごとに行われる「十五夜の綱引き」は、南九州の伝統行事。中秋の名月のもとで行われる綱引きで、この日のためだけに集落総出でカヤやワラで綱を結い上げる集落もあります。そして翌日は、筋肉痛手が必須。参加する際は、宿泊先の方などにマナーをよく聞いて、くれぐれもおケガのないように。
週末ごとに開催される運動会にも燃える秋。一湊では、各チームの飾り付けにも、リレーのバトン代わりにも大漁旗が多用されていて、フォトジェニックなことこの

5
area

麦生・原・尾之間
MUGIO / HARUO / ONOAIDA

モッチョム岳を始めとする岩山の景色が美しい南部。
旧屋久町役場のお膝元は、冬場でも温暖な気候と温泉、
野菜の直売所が点在する豊かなエリア。

水がおいしいとパンもおいしい、
滝巡りとパン屋のはしご旅

島の中で好きな町に住めるとしたら、「原にしようかな、尾之間にしようかな」と妄想してしまうほど、冬場も温暖で晴れの日が多く、フルーツやお野菜の栽培が盛んなエリア。当然、移住者や別荘も多く、移住してきた方々が営むお店もたくさんあります。

直売所巡りは、旅の楽しみのひとつ。日持ちするものはお土産に、またキッチン付きの宿を選んで地元の新鮮食材を料理するのも楽しそうです。

日曜だったら、まずは「高平公民館」前の「にこにこ市」 **b** へ。地域の方々が運営する直売所には、地元で採れた旬のフルーツやお野菜が山と積まれています。周辺には1畳ほどの小さな野菜無人市が点在していますが、こちらは有人で品数も豊富。人気のあまり、午後にはほとんど品切れてしまうので、スタートダッシュが肝要です。

「樹の実」 **c** (p88) で、水平線を眺めながら、あんぱんをかじってクールダウン。次は県道に戻って「ぽんたん館」 **h** (p94) へ。野菜やパン、焼き菓子をチェックしたら、「ぽんたん館」に車を止めたまま、向かいの「トローキの滝」 **i** 遊歩道へ。海に直接注ぎ込む珍しい滝で、「鯛之川橋」の橋脚の赤と濃密な木々の緑、白いしぶきと青緑色の不思議な色合いの海が、鮮やかに目にしみます。ここは体力に自信がない方でも、平坦で整備された森を5分ほど歩くと、滝を臨む展望所に出られます。途中、ベンチもあるので、森の中のおやつ休憩を挟んでも。

急峻な山々がそびえる屋久島は、谷ごとに多くの滝を抱えていますが、ほとんどは険しいルートにあって、軽装で見にいける滝はごく一部。この「トローキの滝」を持つ鯛之川は、さらに上流2箇所の滝も気軽に見ることができる貴重な川なのです。「トローキの滝」の次に現れるのが「龍神の滝」 **j** 。「千尋橋」のたもとに小さな展望所と駐車スペースが整備されていて、徒歩0分で美しい滝が望めます。

さらに上流へ車で15分ほど、細い一本道を進むと、観光バスも立ち寄る「千尋の滝」 **k** の広い駐車場に出ます。ここから滝まではベビーカーでも行ける楽々アクセス。展望台からは遠く麦生と原の町並み。駐車場周辺は、2月末から桜が開き始めるお花見スポットでもあります。

再び県道まで下るともう一つのお花見スポット「山河公園」 **m** が広がっています。一見すると遊具が並び、小川が流れる子ども向けの公園ですが、奥まったあたりに青竹が渡され、「山河湧水」がこんこんと流れ出ています。屋久島ではこうした湧水がところどころで見られるので、空の水筒やペットボトルがあれば、ぜひお試しを。

飲食店が多いのもこのエリアの魅力。島野菜を"和"で味わうなら「農家レストラン 食彩なからせ」 **l** (p98)、"洋"で味わうなら「DAVIS」 **f** (p92)。おやつなら島のフルーツを使ったジェラートの専門店「そらうみ」 **e** (p91) や「nomado cafe」 **n** (p97)。さらにイートインできるパン屋さんも。「パン・ド・シュクル」 **p** (p100) はお隣の「やくしま果鈴」 **o** のカフェスペースに持ち込んで、「ペイタ」 **s** (p101) は奥の喫茶室で、焼きたてパンをゆっくり味わえます。

パンを抱えて「ペイタ」を出ると、右手から「モッチョム岳」「耳岳」「割石岳」の三山がそびえています。中でも真ん中の「耳岳」は、お母さんが赤ちゃんを抱いている姿にも見えて、愛おしい。

一日の終わりに浸かる温泉は、地元住民憩いの「尾之間温泉」 **v** か、海の見える「JRホテル屋久島」 **u** か。同じ集落に泉質の異なる温泉が2箇所ある贅沢。「住みたい」思いは確信に変わっていきます。

麦生・原・尾之間
— MUGIO / HARUO / ONOAIDA —

割石岳

耳岳

モッチョム岳

新鮮な野菜や果物が並ぶ直売所巡りも

泉質の異なる温泉が2箇所

屋久島町役場 尾之間支所

Explore point

- **a** たかひらぱん。& カフェ
 （ヒュッテフォーマサンヒロ内）
 素材にこだわった自家製酵母のパンや季節のケーキが充実　Tel.0997-47-2194
 日曜のみ営業 13-17時
- **b** にこにこ市
 日曜のみ 8時半〜
- **c** 石窯パン工房 樹の実 (p88)
- **d** sankara hotel&spa 屋久島
 （サンカラホテル & スパ）(p90)
- **e** 屋久島ジェラートそらうみ (p91)
- **f** DAVIS (p92)
- **g** HONU (p93)
- **h** ぽんたん館 (p94)
- **i** トローキの滝
 海に直接落ちる滝、遊歩道を5分ほど歩いて展望所に出る
- **j** 龍神の滝
 千尋橋の上からでも望める滝
- **k** 千尋のしずく (p96)・千尋の滝
- **l** 食彩なからせ (p98)
- **m** 山河（やまんこ）公園
 遊具が充実した公園、「山河湧水」を汲むことができる
- **n** nomado cafe（ノマドカフェ）(p97)

おいしいパン屋が充実

●千尋の滝

●麦生簡易郵便局

●神山小学校

美しい滝も必見

- **o やくしま果鈴（かりん）**
  お菓子工場、併設されたカフェで1ドリンク注文すると「パン・ド・シュクル」のパンを持ち込むことができる
  Tel.0997-47-3083　11-17時　土・日休
- **p パン・ド・シュクル**（p100）
- **q 保食（うけもち）神社**
  モッチョム岳を思わせる白い巨岩が境内に鎮座する
- **r Aコープ尾之間店**
  惣菜も充実した農協系列の地元スーパー　Tel.0997-47-2611　9-20時
- **s ペイタ**（p101）
- **t じゃがいものおうち**
  タンカンジュースや豚味噌を製造する福祉作業所、直売可能
  Tel.0997-47-3588　10-16時
  木・日休、不定休
- **u JRホテル屋久島**
  Tel.0997-47-2011　天然温泉の日帰り入浴は15-19時、大人1,400円・小人700円（貸し出しのタオル・バスタオル付き）
- **v 尾之間温泉**
  Tel.0997-47-2872
  12-21時半（月）、7-21時半（火〜日）
  大人200円・小学生100円

MUGIO / ONOAIDA　87

石窯パン工房　樹の実

薪窯で焼き上げる自家製酵母パンとピザ

　屋久島で一番景色のいいレストランってどこだろう？
　そんなふうに考えるとき、真っ先に思い浮かぶのがここ「石窯パン工房　樹の実」。テラスの前に広がる、タンカン畑の向こうには水平線。船がのんびりと行き交います。
　タンカンは、店名の由来ともなった屋久島特産の柑橘類。濃いオレンジ色と薄い果皮、強い甘みと密度の高い独特の食感が特長です。このパン工房では、果樹園も営んでいるのです。農薬も肥料も使わない自然農のタンカンは、予約受付開始とともに売り切れてしまう人気ぶり。
　タンカン畑の中には、ニホンミツバチの巣箱があって、ミツバチたちが花の間を飛び回り、受粉を促してくれます。食べてよし、眺めてよしのタンカンは、4月に白い五弁の花が開き、2月の収穫まで、ゆっくりと結実し色づく様を楽しむことができるのです。
　ここでいただけるのは、店頭でも販売しているパンや焼き菓子と、石窯で焼き上げられるピザ。挽きたての全粒粉をブレンドした自家製酵母のピザ生地は、パリッとクリスピーで、何枚でもいただけそうな軽やかな味わい。パンと同じ石窯で焼き上げられて、剪定されたタンカンの枝も、薪として大切に生かされます。サラダや飲み物とセットにして、店内で頂くこともテイクアウトすることも可能。
　帰りには抱えるほど大きなカンパーニュや、硬めの皮が香ばしいあんぱんを買うのが我が家の定番。運が良ければ、極厚の石窯クッキーや、数量限定のタンカン畑で育ったニホンミツバチのはちみつやミツロウ、自家製のタンカンシロップに出会えることも。
　敷地内には、グループやファミリーに便利な、1棟貸しの素泊まり民宿もあります。

FOODS

石窯パン工房　樹の実
map-C
屋久島町麦生335-75
Tel.0997-47-3939
10-18時（ランチ11時半-14時）
不定休　r.goope.jp/kinomi

オーガニックの胡桃とサルタナレーズンがたっぷり入った「樹の実」のパン

sankara hotel&spa 屋久島 / ayana

島の食材に真摯に向き合った、大人のレストラン

RESTAURANT

sankara hotel&spa 屋久島
map-d
屋久島町麦生字萩野上 553
Tel.0800-800-0037（要予約）
sankarahotel-spa.com

　どんなにカジュアルな旅だって、1日くらいはおめかししたい。アウトドア用の速乾シャツとショートパンツのすき間に、サマードレスとサンダルを詰め込んで、青空に映える大ぶりのアクセサリーもお忘れなく。

　ドレスコードがあるわけではないけれど、ちょっとだけおしゃれして出かけたいのが、オーヴェルジュスタイルの「サンカラホテル」。入り口で車を預けたら、フロントまではカートでご案内。非日常感に期待が高まります。エントランスの正面には、海を見下ろすプール。一面ガラス張りのレストラン「ayana」も、窓いっぱいに空と海が広がります。

　ランチは5皿で4,000円（税別）。キビナゴにアカバラ（カンパチ）にチレダイなど、島ではお刺身や塩焼きや煮付けで定番の親しみ深い魚たちが、ソースやスプラウトをまとって、フレンチテイストの目にも鮮やかなひと皿となって供されます。

　モーニングやディナー、スパも予約すればビジターでも利用できます。大人のためのスペシャルな空間なので、入館できるのは13歳から。

レストランからは屋外プールの向こうに水平線が見える

屋久島ジェラートそらうみ

島の恵みを閉じ込めた贅沢ジェラート

　秋に出回るフルーツ、ストロベリーグアバの鮮やかな桃色は美しく、うっとりするような甘い芳香もすばらしいのに、いかんせん日持ちがしません。薄い皮は、爪が触れただけで傷つくし、少し圧力が加わるだけでつぶれてしまう。キイチゴやヤマモモは野山に生えているものなので、大量には手に入らない。

　特産の柑橘類であるポンカンやタンカン、パッションフルーツやお茶だけでなく、仕込みや入手が大変な食材が時々登場するのもこの店の魅力。SNS には、好奇心を持って食材に向き合うオーナーの様子が時々レポートされていて、ワクワクが伝わってきます。

　ホートーやモンステラなんて島民でも食べたことある人は少ないだろうし、自分たちで育てたお米で作った甘酒のジェラートなんて、とても壮大な物語。ほかにも、ラムレーズンならぬ焼酎「水ノ森」にレーズンを漬け込んだ「水の森レーズン」など、遊び心いっぱいのフレーバーも並んでいます。

　実はこのお店、一湊珈琲が飲める南限のお店でもあるのです。ジェラートの後の、エスプレッソもおすすめ。コーヒーだけの利用も可能です。

植物の自然な色が生きたカラフルなショーケース

SWEETS

屋久島ジェラートそらうみ
map-e
屋久島町麦生 165-8
Tel.0997-47-2458（変更の予定あり）
11 時 -17 時半　火・水・木休
yakushimagelato.jp

DAVIS

高輪からやってきた、ワインも充実の人気ビストロ

　都市の人気店が地方に移転する話を、近年よく耳にするけれど、屋久島にもやってきました。東京・高輪のビストロ「DAVIS」。
　看板には、お酒の神様バッカスの横顔。ソムリエでもあるデイビス聖子さんが繰り出す料理は、フレンチ・イタリアン？ さりげなく島の食材が盛り込まれていて、食の経験値の高さを感じさせるものばかり。イシガキダイやアオチビキやミズイカなど、島の魚介類もたっぷり。もちろんすべて、ワインに合う料理。部屋ごと温度管理したセラーには、400本のワインが来たるべき日を待っています。
　この店のもうひとつの魅力が、植物の生い茂る庭。ほどよく人の手がかかっていながら、ワイルドにのびのびと木々が育っています。そのお庭の中には、自炊設備のついた貸しコテージが1棟。採れたて野菜の無人販売所や魚屋、おいしいパン屋があるこのエリアこそ、島の暮らしそのものを楽しむ滞在にうってつけです。農業を営む方々が多い地域ならではでしょうか、敷地内だけでなく、ご近所の庭や沿道にも鮮やかな花々が咲き乱れています。
　ランチはドリンク付きで1,100円（税込）。ディナーはアラカルトですが、予約すればコース対応も可能。

RESTAURANT

DAVIS（デイビス）
map-f
屋久島町麦生511-4
Tel.0997-47-3636
12-14時 L.O.
18時半-21時 L.O.　日～水休
www.cottagedavisyakushima.com

庭の奥には、ロフトやテラスのついた広いコテージが1棟

HONU

屋久島素材を「アロハ」スピリッツのアクセサリーに

「アロハ」って、「こんにちは」だけでなく、「思いやり」や「慎み」という意味も含まれているのだとか。「アロハ」のスピリッツって、こういうことかなって思わせてくれるのが、「HONU」のオーナーの片山勝仁さん。優しくポジティブなエネルギーに満ちていて、いつも明るい気持ちにさせてくれます。

ハワイの言葉でウミガメを意味する「HONU」は、屋久杉や屋久島産の貝を使ったオリジナルアクセサリーを販売する雑貨店。島を代表する乳白色の夜光貝だけでなく、シルバーに光る黒蝶貝やピンクのグラデーションをみせる高瀬貝、古代、貨幣の代わりに取引されたともいわれる宝貝など、埋もれていた島の宝を積極的に発掘しています。

中身を食べた後はポイッと捨てていた貝たちに、こんな美しい表情があったとは。貝殻やサンゴ、水晶やシーグラスを屋久杉や地杉の文字盤に並べる時計づくりや、好きな貝と台座を組み合わせるキーホルダーづくりのワークショップもできます。ときどきドアに「gone surfing」の看板。波がいい日は海に出る。仕事もプライベートも真剣なアニキなのです。

流木やサンゴなど漂着物を生かした棚は、インテリアの参考に

SHOP ★体験可

HONU（ホヌ）
map-g
屋久島町麦生 901-1
Tel.0997-49-3145
10-18時　木休
honu-yakushima.com

ぽんたん館

初めましての野菜やフルーツに出会えるJA直営の土産物店

　タンカンのシーズンには、タンカンタワー。パッションフルーツのシーズンにはパッションフルーツタワー。JA直営の土産物店には、季節になるとフルーツの箱詰めがドカンと運び込まれて、辺りは甘い香りに包まれます。

　農家が自家用に栽培している不揃いの野菜や、スーパーではほとんど見かけない銘柄の柑橘類、無農薬野菜も手頃な値段で並んでいて、月に一度、コーヒーの納品に出かけては、ごそっと野菜を買って帰るのが私の定番。島の新商品もここでチェックします。

　万願寺唐辛子やマコモダケ、バターナッツかぼちゃやドラゴンフルーツなど、ここで覚えた味は数知れず。ハイビスカスティーの原料になるフレッシュローゼルも、ここで初めて出会いました。ニンニクも生姜もシーズンになるとまとめ買いして、ニンニクは小房に、生姜はペーストにして冷凍庫に常備しています。秋ウコンのパウダーはカレーに。屋久島産のはちみつや、黒糖といった珍しい商品もあったりして、まぎれもなく我が家の胃袋を支える一軒となっているのです。

　野菜以外の農産物加工品や土産物も充実しています。紫芋をロール状に巻き込んで月桃の葉で包んだ「うずまき団子」なる郷土菓子や、冷蔵庫には生産者ごとに少しずつ味の異なるタンカンジュース、冷凍庫には地卵のプリンやアイスクリーム。広い休憩スペースを自由に使えるので、そこで買ったものを食べたり、実際に試してからお土産を選ぶこともできます。

　目の前の小さな林にも椅子とテーブルが備えられていて、とても小さな林なのだけれど、メジロがさえずっていたり、シラタマカズラがたわわに実っていたり、とても感じのいい場所なのです。

SHOP

ぽんたん館
map-h
屋久島町麦生 898-2
Tel.0997-47-2557
8時半-17時半

広い店内には、日持ちするお土産もたくさん。食品以外に、手ぬぐいやハガキと、品揃えも幅広い

MUGIO / ONOAIDA

千尋のしずく

サトウキビから育てた絞りたてジューススタンド

「farm to cup」のコンセプトの通り、自家栽培の無農薬サトウキビを目の前で絞ってジュースにしてくれる、素敵すぎるジューススタンドです。

ほんのり青みがかったカップからは、青竹のような甘く爽やかな香りが。濃度の調整など一切していない、サトウキビの絞り汁は、甘すぎず薄すぎずちょうどいい味。

家族でサトウキビ畑を営むオーナーの中路美佐子さんは、この絞り汁を煮物とかお料理にも使っちゃうというのだから、なんとも贅沢。無肥料無農薬のタンカンやスモモなど、屋久島産フルーツのジュースも。その場で冷蔵庫から出したサトウキビを皮ごと、シンプルな機械でゴゴゴゴッと絞る様は、何度見ても楽しく、子どもでなくても「もう1回」とリクエストしたくなってしまいます。冬場には、このサトウキビジュースを使ったチャイもときどき登場します。

ふだんは観光名所、千尋の滝の売店「げじべえの里」のお隣に出店。移動販売なので、お祭りや各種イベントにも出没します。雨天休業、かつ不定休なので、お店のSNSを要チェック。けっこう幻の味なので、遭遇できたらラッキーです。

> DRINK
>
> 千尋のしずく
> (せんぴろのしずく)
> map-k
> ＊Instagram アカウントあり

タンブラーなどを持参して、ジュースを入れてもらうことも可能

nomado cafe

ボタニカルパークの事務所を改装した異国情緒あふれるカフェ

幹線道路沿いなのに、なんだかシンガポールの植物園にいるみたい。シンボルツリーは、「タコノキ」。その名の通り、蛸の足のように太い気根を何本もおろし、本来の幹がどれかわからなくなるほど。プルメリアも見上げるほどの大木で、夏にはたっぷりと花を咲かせ、落花してもなお強い芳香を放ちます。

ここは、屋久島が世界遺産に登録されるずっと前に、ボタニカルガーデンとして解放されていた場所で、遊歩道が植物に飲まれた今もたくましく育つ南国の木々が、往年を偲ばせます。

ボタニカルガーデンの事務所として使われていた、コンクリート造りの建物は、どことなく異国の雰囲気。

提供される料理もまた、異国情緒に満ちています。定番のバターチキンカレーは、きっちりスパイスが香り立つまろやかな味。ジャスミンライスをブレンドしたご飯が、バランスよくカレーを引き立てます。カレーの他に、季節によって、台湾の魯肉飯、タイのカオマンガイやラープ。オーナー夫妻が旅で出会ったアジア料理は、湿度の高いこの島によく合います。誰かの記憶の中を旅するみたいな、そんな時間です。

店内には、オリジナルのジンジャーシロップなど、お土産も並ぶ

| CAFE |

nomado cafe（ノマドカフェ）
map-n
屋久島町原565
Tel.0997-47-2851
11時半-17時(ランチは14時半まで)
水・木・金休
nomado-cafe.seesaa.net

食彩なからせ

色とりどり、自家栽培の野菜のパレット

メニューがひとつの店は、信用できます。農家レストラン「食彩なからせ」のランチは、自家菜園の野菜をふんだんに使った「屋久島農家のうちごはん」のみ。10種＋αの惣菜に、ここ原集落で小正月に食されるという郷土料理「かいのこ」なる温かい煮物に、ごはんと味噌汁と小さなデザート。

「かいのこ」は、さいの目に切り揃えられた野菜とこんにゃくに、鶏と塩サバからでるコクのあるスープがたっぷり含まれて、滋味深く上品なひと皿。「かわひこ（もちいも）」と呼ばれる伝統の里芋も、島の北部の住民にとってはめずらしい食材です。島は、集落ごとにそれぞれの文化が独立していて、冠婚葬祭のやり方もさまざま。同じ島に暮らしていても、お互い知らないことはたくさんあります。

パレットに絵の具を置くように、白い皿の上に少しずつのせられた色とりどりの惣菜。ひと口に「みどり」といっても、ふたつと同じ色はない、自然の織りなすグラデーションにしばし見とれます。

野菜9割、魚1割の料理は、甘、辛、酸、それぞれにメリハリのある味付けが施されています。味噌から仕込んだ味噌汁も、ガス釜で炊き上げられたごはんもツヤツヤで絶品。

12月から3月の4ヶ月間は、農繁期につき冬季休業。家族総出で、ポンカンやタンカン、果実の出荷に追われます。広くて高い天井が清々しい建物は、なんとオーナーである日髙豊さんのセルフビルド。「百姓なんだから何でもするのよ」と涼しい顔の豊さんは、別料金で食後に付けられるコーヒーも苗から栽培する徹底ぶり。喫茶だけの利用はできませんが、屋久島で唯一、屋久島産コーヒーが飲める店でもあるのです。まだまだ生産量は少ないけれど、いつか豆を購入できる日が来るかもしれません。

> **RESTAURANT**
>
> 食彩なからせ
> map-①
> 屋久島町原 896-4
> Tel.0997-49-3011
> 11時半-14時 L.O.（夜は要予約）
> 木・第3日休（12-3月は休業）

この日のデザートは、タンカンピール。冬季休業中は、農業以外に保存食の仕込みなどにもあてられる

パン・ド・シュクル

モッチョム岳を望む本格ブーランジェリー

　ここの両端の尖ったバゲットは、私の数少ない海外旅行先のひとつ、南仏のエクサンプロヴァンスの街でよく見かけた形。なので屋久島で再会した時は高揚したし、世界遺産になってから、島にいろんなお店が増えてうれしかったことのひとつです。

　クラストはパリッと、クラムはもっちっと。大きく切り分けて縦半分に割ってから、おいしいバターとジャムをたっぷり塗って、カフェラテとともにいただきたい。クロワッサンもパンオショコラもパリパリと音が鳴る、軽い焼き上がり。私が子どもの頃には島になかった、こんなパンを小さい頃から食べられるなんて、今の子どもたちは幸せだなぁと思います。

　コロッケパンやチョココロネ、あんぱんといった定番もちゃんと揃ってます。モッチョム岳を望むお隣の絶景カフェ「やくしま果鈴山のおやつ工房」で1ドリンク注文すれば、「パン・ド・シュクル」のパンが持ち込み可能。

　安房のスーパーマーケット「たなか屋」や宮之浦の「わいわいランド」（週末のみ）にも数量限定で入荷しているので、時間に制約のある方はそちらへどうぞ。

FOODS

パン・ド・シュクル
map-P
屋久島町尾之間 672-1
Tel.0997-47-2983
9-17時　日・月休

お店の目の前にそびえる、モッチョム岳

ペイタ

焼きたてパンやケーキを食べられる喫茶室も

季節によって変わるケーキのファンも多い

　このお店から学んだ、チーズパンのチーズの下にマヨネーズを忍ばせるテクニックを、我が家でもチーズトーストを作るときに、ずっと真似しています。私が好きなのは、トッピングされたクミンがアクセントの三角の焼きカレーパン、黒糖がとろりとキャラメル状に溶けた黒糖パン。昼過ぎには棚がガラガラということもしばしばの人気店ですが、売れ具合をみて補充するので、お目当てが売り切れていても、声をかけて出直すと手に入ることも。

　スポンジやカスタードクリームに使っているのは、すべて地元産の平飼い鶏の卵。お芋パンやスイートポテトのサツマイモも尾之間や鹿児島産で、秋から春にかけての限定商品です。レーズンパンの干しぶどうやチーズパンのチーズ、ドーナツの揚げ油だって厳選されています。「また食べたいなぁ」と思わせる吸引力は、味と安全性の両面から吟味された、原料の確かさからもたらされるのです。

　焼きたてパンが並ぶ店の奥には、海の見える喫茶室が設けられていて、店頭で販売されているパンやケーキを飲み物と一緒にこちらでいただくことも。スパイスの効いたジンジャーエールやチャイもおすすめです。

FOODS

ペイタ
map-**S**
屋久島町尾之間 179
Tel.0997-47-3166
9-18時　火・水休

6
area

平内・栗生
HIRAUCHI / KURIO

スーパーや大型店のない、のんびり大らかなエリア。
敷地も広々として、島の自然を感じられる
居心地のいいお店が多数。

植物の息吹に包まれるまぶしいカラフル歴史散歩

広い畑の中にポツンと立つ「カトリック屋久島教会」**b**。壁の丸窓にはめられたステンドグラスのマリアさまは、17世紀、鎖国時代の日本にイタリアから密入国したシドッチ神父が携えていた絵を元に作られました。その絵は、なめらかなひだを作る青いマントからのぞく1本の親指の印象深さから「親指のマリア」と呼ばれ、今は東京国立博物館に収蔵されています。

私が初めてエスプレッソを飲んだのはこの教会でした。シドッチ神父の足跡を追って来日されたコンタリーニ神父は、たっぷりのザラメ糖をいれたエスプレッソをすすめながら、シドッチ神父の話や、彼からの聞き取りを元に『西洋紀聞』を書いた新井白石とシドッチ神父の交流を熱心に語るのでした。

コンタリーニ神父がこの世を去り、今は無人となった教会に、神父が植えたローズマリーが揺れています。無人なので中には入れませんが、ステンドグラスやシドッチ神父上陸を記念した石のモニュメントは見ることができます。教会の前の道をまっすぐ下ると広い駐車場に出ます。車を止めて遊歩道を下るとすぐに、ダイナミックな縞模様の岩場が特徴的な海岸が出現。かつてシドッチ神父が眺めたのは、どんな景色だったのでしょう。

県道まで戻ると、右手の曲がり口に、地面に突き刺さっているような不自然な形の棒状の岩。これは「矢石」**a**といって、平家の落人を源氏の追っ手から守るために、山頂から天狗が放った石だといわれています。

そんな民話が息づく時代の空気を感じられるのが、月に2日だけ開館する「平内民具倉庫」**e**。絵本『はじまりのかたち〜屋久島民具もの語り〜』を描いた画家の黒飛淳さんが整理調査に携わっている施設で、「旧八幡中学校」の講堂をそのまま生かした建物も味わい深いです。使い込まれた道具たちが展示され、自然に即して自給自足に近い暮らしをしていた、かつての島民たちの様子を垣間見せてくれます。

ランチは「平内海中温泉」**j**にほど近い「海泉茶屋」**i**（p112）へ。本格的な洋食と、自由で力強いお庭にお腹も心も満たされます。すぐ近所の「新八野窯」**h**（p111）もお庭の美しい陶房。植物が健やかに枝葉を伸ばしています。

最後に向かうのは、路線バスの終点である栗生集落。かつて、鹿児島からの定期船が寄港していた港町で、町なかに残る古い石垣や軒の低い屋敷の構えにタイムスリップ気分を味わえます。

栗生川のほとりの「栗生神社」**q**には、ガジュマル、センダン、イチョウの大木。お隣の栗生小学校と目の前の旧橋に、島の原風景を感じます。川向こうには、屋久島の固有種「ヤクシマシャクナゲ」を中心に、世界中の様々な種類のシャクナゲを集めた「石楠花の森公園」**r**。シャクナゲの花の見頃は、3月から5月ですが、それ以外の季節も、自然の地形を生かした美しい公園はピクニックや川遊びにぴったりです。

栗生川の河口には、シュノーケリングスポット「塚崎タイドプール」**t**も。キャンプ場「屋久島青少年旅行村」**s**（p116）を通り越した道の終点にあります。

5月にはテッポウユリ、6月末から8月にかけてはハマユウと、野生の白い花に埋め尽くされる海岸の魅力は、その美しさだけではありません。海に落ちる夕日を眺めていると、日が暮れるに従って、どんどん濃くなる花の香り。大昔の人も夕日を眺めながら、この香りに包まれていたのかなんて、古い記憶が呼び覚まされそうなひとときは過ぎていくのです。

物語の中から抜け出したようにロマンチックなしずくギャラリー

平内・栗生
- HIRAUCHI / KURIO -

Explore point

a 矢石（やいし）
目の前のバス停の名前はそのまま「矢石」

b カトリック屋久島教会
普段は無人、種子島教会が管理している
Tel.0997-47-2992

c アナンダチレッジ (p106)

d 鬼塚農園直売所
Tel.0997-47-2562　7-17 時
毎週木・日のみ営業

e 平内民具倉庫
Tel.0997-43-5900（屋久島町役場）
9-17 時　毎月第２土・日のみ開館

f しずくギャラリー (p108)

g SOLMU PUUT (p110)

h 新八野窯（しんぱちのがま）(p111)

i 海泉茶屋（かいせんぢゃや）(p112)

j 平内海中温泉
1 日 2 回、干潮の前後 2 時間のみ入浴できる
海の中の温泉　協力金 200 円

k 珈琲はまゆ (p113)

l 湯泊（ゆどまり）**温泉**
ちょっとぬるめの露天風呂　協力金 100 円

m 黒崎公園
隣接する牧場の牛をみながらのんびりできる公園

n 中間ガジュマル
アーチ状になった巨大ガジュマル

o 屋久島フルーツガーデン
パパイヤの里 (p114)

p 栗生浜海水浴場
夏場は無料で利用できる更衣室や
シャワールームを解放している

q 栗生神社
亜熱帯植物や巨木に囲まれた
川辺の神社

r 石楠花（しゃくなげ）の森公園
細い一本道の突き当たり
Tel.0997-48-2807（栗生活館）

s 屋久島青少年旅行村 (p116)

t 塚崎タイドプール
シュノーケリングやビーチコーミング
が楽しめる豊かな海岸

u 大川（おおこ）の滝 (p117)

アナンダチレッジ

B&Bが併設された、海の見えるヨガスタジオ

　屋久島で唯一、予約なしで利用できるヨガスタジオ。
　雨が降ったら、屋外アクティビティができなくなることもあるこの島で、予約なしで利用できるというのは、とってもありがたいのです。晴れたら、トレッキングやカヌー、雨が降ったら、ヨガやクラフト体験。そんなふうに臨機応変に切り替えられたら、旅の充実度は一層高まりそうです。
　朝10時半からなので、登山翌日のメンテナンスや、最終日の半日何しよう、っていうときにもぴったり。慌しい旅を締めくくる、ゆったりとした90分（税込1,500円）が心を落ち着かせ、この島に再訪できるよう、大地と心をつないでくれます。
　ヨガ前にはごはんを食べないほうがいいので、その日の朝食は抜いて、ヨガ後に待っているスムージーやハーブティーが染み渡るのを楽しみに。国本ミキ先生が、近くの直売所や友人から入手した屋久島産のフルーツや野菜を、その場でスムージーに仕上げてくれます。島のヨギーニたちと語り合うこのひとときも、旅の宝。
　現地で直接買い付けたインド雑貨も少しだけ販売していて、私はここで買ったタン（舌）クリーナーやブロックプリントのクロスを愛用中。手押しプリントのカード類も、買い占めたくなるかわいらしさです。
　居酒屋や宿に「ただいま〜」「ひさしぶり〜」って顔を出す2度目の屋久島もいいけれど、ヨガスタジオをリピートするのもステキ。
　じつはこのヨガスタジオ、宿も併設されていて、宿泊もできるのです。海が見えるお部屋は、ホテル仕様の高級寝具が備わっていて、専用ジェットバスまでついて、なかなかにラグジュアリー。野菜とフルーツたっぷりの朝食がついたB&Bスタイル。
　ヨガスタジオは平日に休むこともあるので、WEBの月間スケジュールをチェック。2人以上の参加は要予約です。

YOGA ★体験可

アナンダチレッジ
map-C
屋久島町内349-69
Tel.0997-47-3730
10時半-12時半　不定休
anandachillage.com

宿泊客用の共有リビングには、写真集がたくさん。隅々まで美意識が行き届いている

しずくギャラリー

島の自然と日々の暮らしから生まれる油絵とジュエリー

　油絵とジュエリー、シンメトリーにふたつ並んだ双子のギャラリーは、画家の高田裕子さんとジュエリーデザイナーの中村圭さんの営む「しずくギャラリー」。川沿いの力強い森を背景にした白い建物は、夢の中に現れるような唐突な存在感を持ってそこにあります。

　向かって右手の「KEI NAKAMURA JEWELLERY」は、屋久島の自然からインスピレーションを得て制作した作品を販売するほか、クライアントと綿密な打ち合わせを重ねて生み出す、オーダージュエリーやリメイクジュエリーにも力を入れています。「ひとりでは思いつかないアイデアを、共同で形にしていく作業にはまっている」という圭さんの趣味はサーフィン。相手の動きを観察して、タイミングを合わせて波に乗るサーフィンは、ジュエリー作りにも似ているような。

　日々の暮らしや制作の過程が綴られたブログには、ものづくりの秘密が垣間見えます。植物の写真も充実しているので、「この時期には、どんな花が咲いてるのかな」なんて、旅行する時期に合わせて、過去の日記をチェックするのもよいかもしれません。

　裕子さんは、屋久島の森を緻密に描く森の画家。裕子さんのフィルターを通して立ち現れる森は、一見写実的だけど、肉眼で見るそれとはまったく違って、いわば私の心の中の森。ギャラリーの佇まいと同じように、誰かの記憶を刺激する森なのです。

　原画が展示されているギャラリーでは、これまでに描いた作品のポストカードがみっしりと並びます。裕子さんが手がけた絵本『水の森』(アノニマ・スタジオ刊)も、ここで購入することができます。

　他の作品も見たいという方は、「屋久島ジェラートそらうみ」(p91)や「HONU」(p93)、「Yakushima Candle HIKARI」(p41 Ⓢ)で出会うことができます。

GALLERY

しずくギャラリー

map- f
屋久島町平内225
Tel. 0997-47-3543
11–18時　土のみオープン
(冬季休業)

shizukugallery.com

季節ごとの変化を見せるお庭もすてき。ギャラリーの隣には川も流れる

SOLMU PUUT / MATKA

人と道具の幸福な出会いを演出する木の工房

CRAFTS

SOLMU PUUT（ソルム プート）
map-g
屋久島町平内 93-10
Tel.080-6423-3926
10-17時　不定休
solmu-yakushima.com

「売り物ではないんですけど」、と店主の西優樹さんが見せてくれたシェーカーボックス。駆け出しの頃に手がけた、手間のかかる素朴な箱から、フレッシュなものづくりへの情熱が伝わってきます。この技術を進展させたのが、「はまゆ」（p113）のランプシェードで、透けて見える地杉の木目が、ほの暗い店によく似合うのです。

「雪苔屋」（p62）の屋外には曲木を脚に生かしたベンチ、店内には有機的な窓の景色を引き立てる直線を取り入れた椅子とテーブルなど、クライアントの話を聞きながら、その場に馴染む家具を生み出していくといいます。

「SOLMU」とはフィンランドの言葉で「結び目」を意味します。実は家具工房「SOLMU PUUT」以外に「SOLMU MATKA」という別レーベルを持っていて、そちらはグランピングスタイルの宿泊施設。2019年の春頃にオープン予定だそう。

施設内はなんと家具から器に至るまで、すべて自作。実際に使用してみて、その場で購入したりオーダーもできます。宿泊しなくても、購入目的の訪問も可能だそう。「日具」（p28）でもお皿やターナーなど、少しだけ小物を扱っています。

ヤクシカの革など、屋久島ならではの素材も積極的に取り入れる

新八野窯

古い木造校舎を移築した、父と子ふたりの陶房

　手のひらに乗るほどの小さな壺。
　肩が張っていたり、なだらかだったり、首が長かったり短かったり、新月の夜空のような群青色から、汽水域の水面のような翡翠色、花崗岩の砂浜のような象牙色まで、黄味がかった青のグラデーションの壺が整然と並ぶ棚に、同じものはふたつとありません。
　「この中にひとつだけ、私のための壺があるはず」。時間をかけてじっくり選んでいると、だんだんと見えてきます。この陶房には2人の作家がいることが。端正な形の中に色で冒険する息子と、好奇心旺盛で変化を好む父。息子の職人歴も20年、すっかり一人前になって、父子それぞれの個性が徐々に立ってきました。
　栗生中学校の木造校舎を移築したアトリエには、スリップウェアや黄瀬戸、三島手、焼きしめといった幅広い焼き物が並びます。ベーシックな平皿や蕎麦猪口、親指サイズの小さな胸像からひと抱えもあるオブジェまで、親子の作風の幅が、見るものの時を忘れさせます。
　陶芸体験（税込2,000円から）も受け付けているので、特別な旅の思い出を作りたい方は、ぜひ。忘れられないひと時を提供してくれそうです。

陶製のオブジェが点在する緑豊かなお庭も必見

CRAFTS ★体験可

新八野窯（しんぱちのがま）
map-ⓗ
屋久島町平内630-4
Tel.0997-47-2624
8時半-18時半
yakushimayaki.com

海泉茶屋

肉汁あふれ出すメンチカツに驚く、本格洋食ランチ

　初めてここを訪れたのは、どういうきっかけだったか。外観の素朴な雰囲気と、プロフェッショナルな味のギャップに、たいへん驚いたことを覚えています。

　げんこつ型のメンチカツは、サクッと箸を入れると肉汁があふれ出し、サラダはしっかりと水気が切れてパリパリ新鮮、副菜もバランスよく島の野菜が使われています。デザートは単品で頼んだかのようなボリュームで、サイフォンで淹れる食後のコーヒーもたっぷり。これで1,000円（税込）とはさらなる驚きです。

　メンチカツ以外にエビフライと野菜の串揚げ、ミルフィユカツ、チキンカツなど、メインは数種類から選べ、手作りのデザートは日替わりで、この日はレアチーズケーキのタンカンマーマレード添えでした。もちろん、マーマレードも、ソースやドレッシングに至るまで自家製で、コーヒーも自家焙煎。ハーフサイズ800円（税込）のランチセットもあって、喫茶だけの利用も可能。

　窓の外にはスモモの木。2月には白い花をつけるそうです。入り口のブーゲンビリアや古い船に生えた多肉植物、駐車場のヒメヒオウギズイセンなど、ダイナミックながら秩序のある庭の植物も魅力。

> RESTAURANT
>
> 海泉茶屋（かいせんぢゃや）
> map-❶
> 屋久島町平内631-42
> Tel.0997-47-3322
> 11-15時　月・火・水休（祝日は営業）

自家焙煎コーヒーをサイフォンで提供している

珈琲はまゆ

湯泊温泉横ののんびりカフェで、屋久島産フルーツのかき氷

私が住む一湊から島の反対の湯泊まで、1時間半。わざわざ車を飛ばして向かうのは、おもてなしの達人、加地夫妻がすてきなカフェをオープンさせたから。「はまゆ（浜湯）」とは、集落の人にとっての「湯泊温泉」の呼称で、一湊の「布引の滝」がただの「たーき」であるように、いちいち固有名詞をつけなくても伝わる親密さを感じさせる名前。もともとこの建物に付いていた名前を、そのまま生かすところが、地域の文化を尊重するふたりの姿勢に表れています。

その名の通りすぐ隣には、海辺に湧いた天然温泉。男湯と女湯は簡素な衝立で仕切られていて、入るにはなかなか勇気がいりますが、平内の海中温泉と違って、潮の満ち引きには左右されず、24時間いつでも利用可能。脱衣所も完備されています。

そんな「はまゆ」の定番メニューは、オーナーの加地英史さんが自家焙煎豆をネルドリップで抽出した贅沢なコーヒーとかき氷。桃やパッションフルーツなど、かき氷には屋久島産の果物を使った自家製ソースが、たっぷりかかっています。日替わりのスイーツも、シフォンケーキにあんこと生クリームを挟んだシフォンサンドやレモンムースタルト、キャロットケーキと、バラエティ豊かです。

手づかみで食べるふわふわシフォンケーキサンド

CAFE

珈琲はまゆ
map-Ⓚ
屋久島町湯泊 74-1
13-18 時　不定休
＊ Instagram アカウントあり

屋久島フルーツガーデン パパイヤの里

ゆったりと時間が流れる、フォトジェニックな亜熱帯植物園

　世界中から集めた亜熱帯の植物がもりもりと生い茂る植物園「屋久島フルーツガーデン　パパイヤの里」。

　オーナーの岩川文寛さんが40年近い時をかけて育ててきた植物は、およそ1,600種。しっかりと根を下ろし、通路を飲み込み、木道を持ち上げ、エネルギーに満ちあふれています。

　植物のエネルギーに圧倒され、少し心細いような、それが心地よいような気持ちで小道を歩きます。どこを切り取っても、とってもフォトジェニック。睡蓮の浮かぶ池に錦鯉が現れたり、突然現れた三毛猫が道案内してくれたり、映画のワンシーンに紛れ込んだような不思議な感覚に。

　バナナ、パイナップル、ドラゴンフルーツなど、店頭では見かけたことがあっても、実際に実っている姿はちょっと意外。季節に応じて、果樹も花も様子を変えるので、一年中いつ行っても違う景色に出会えます。

　受付は少しわかりづらいのですが、駐車場から園内の坂道を少し上った場所にある「果実庵」。ここで、入場料（大人500円、小人250円）を支払い、10分ほど園内を案内してもらいます。入場料の中に、フルーツの試食代も含まれていて、自家栽培のトロピカルフルーツや園内で製造されるジャムを案内の前後にいただけます。今でこそ、屋久島でマンゴーやパッションフルーツを手がける農家は珍しくありませんが、トロピカルフルーツがまだまだマイナーだった80年代、龍眼やスターフルーツなど、ここで初めて出会った果物は数知れません。

　琉球寒山竹を巡らせたエキゾチックな受付棟には、「牧野語録」として植物学者、牧野富太郎先生の言葉が掲げられています。「一、忍耐を要す 一、精密を要す　……（後略）」、度重なる台風被害にも負けず、コツコツとこの園を作り上げてきた忍耐の日々が思いやられます。この地は、文寛さんの長い年月の上に横たわる夢の植物園なのです。

FRUITS

屋久島フルーツガーデン
パパイヤの里
map-❾
屋久島町中間 629-16
Tel.0997-48-2468
8時半-16時半

受付棟には、涼しい風が吹き抜ける。素朴な花のしつらいも魅力的

屋久島青少年旅行村

海辺のキャンプ場で月の光を浴びる

　目の前には輝く月の道。岬の高台に設けられたテントサイトから見下ろす海に、ゆっくりと月が昇ってきます。
　ハードな登山をしなくても、海水浴やカヌーなど屋久島の自然の恵みを全身で感じられる方法はあるけれど、キャンプもそのひとつ。おすすめなのが、キャンプ場やバストイレ付きのバンガローを備えた、この「屋久島青少年旅行村」です。
　徒歩5分の「塚崎タイドプール」でシュノーケリングを楽しんで、近所の商店で食材やお惣菜を買い出したり、「湯泊温泉」や「平内海中温泉」に足を延ばしたり。都会では考えられないくらい涼しい夏の夜風に吹かれ、月に照らされた松のシルエットが夜空に浮かび上がります。
　テントのレンタルもできるけれど、設営に自信がないという方にはガイド「山好き」の「里でキャンプ」サービスが便利。テントから寝袋、調理器具や食材まですべて用意してくれて、火起こしやアウトドアクッキングのコツもプロがレクチャーしてくれるので、初心者にも安心です。夏場だったら、早朝の砂浜で運良くウミガメにも会えるかも。

> **CAMP**
>
> **屋久島青少年旅行村**
> map-Ⓢ
> 屋久島町栗生字塚崎2911-2
> Tel.0997-48-2871（営業期間外は栗生生活館 0997-48-2807）
> 11-3月は休業
> ＊ガイド山好き：Tel.0997-46-3623
> yamazuki.jp/camp_in_village

共同のトイレやシャワー室も完備されている

大川の滝

滝の轟とミストに包まれる気持ち良さを

涼しい緑のトンネルをくぐって海へ

　友人たちとドライブに出かけた夜のこと。砂浜に寝転んで星空を見上げたり、深夜の海中温泉に入ったり。そして訪れた夜の滝は、昼間とはまったく違う顔をしていました。

　腹に響く音は恐ろしいほど大きく、水しぶきばかりが白く月明かりに浮かび上がる。「異界」というにふさわしい光景でした。

　もちろん昼間は、人気の観光スポット。山のスーパースターが「縄文杉」なら、里のスターは「大川の滝」です。世界遺産になるずっと前から、屋久島の観光を支えてきました。

　落差88mのダイナミックな滝は、舗装された広場から眺めても十分感じるものがあるけれど、岩場歩きに自信がある人なら、滝壺まで岩を伝って近づくことができます。水量が多い日には、滝のミストに包まれるので、携帯電話やカメラにはご用心。

　滝の音と涼しいミストが気持ちいい場所なので、お昼ごはんやおやつを持参してのんびり時間を過ごすのもおすすめです。

　トイレ前の舗装されていない小道を河口に300mほど進むと、静かな砂浜に出るので、こちらでピクニックも気持ちいい。滝音と波音に囲まれる豊かなひと時がそこにあります。

VIEW

大川の滝（おおこのたき）
map-U
屋久島町栗生
Tel.0997-42-0100（屋久島町役場）

=COLUMN=
冬

　年越しは、近所のお寺で除夜の鐘をついたり、さらなるお祭り気分を楽しみたければ、宮之浦の町に出ます。歳餅を配りながら、商店街を太鼓を練り歩いて、向かう先は、「益救神社」。奉納演奏の後、御神酒の振る舞いや数量限定でお守りの配布もあります。
　新年七日には、南九州の伝統行事「七草祝い」。数え年で七歳になる子どもたちが、晴れ着姿で七軒を巡り、七種雑炊をもらってまわります。春の七草が入った緑のおかゆではなく、かまぼこや里芋入りの雑炊は、ずっしりと食べ応えのある思い出の味です。
　年明けには、大きなスポーツイベントがふたつ。「屋久島エコマラニック」は、島の幹線道路百キロを一周するウルトラマラソン。タイムを競うのではなく、途中のエイドステーションで郷土料理などを楽しみながら、のんびり走るイベントです。「サイクリング屋久島」は、自転車で島を一周するイベント。左右に山と海を感じながら、ときどき現れるサルやシカを横目に走り抜けるのも屋久島ならではです。

WINTER in YAKUSHIMA

―― 南国の花々と雪景色を一度に望む ――

里への積雪はめったにありませんが、山は雪景色。遠い冠雪が、日々形を変える島の冬。南部では、ハイビスカスの花越しの雪山なんていう姿が見られるほど、屋久島ならではの変化に富んだ気候が感じられる季節。

ありったけの服を着込んで「雪を見に行こうよ」と山に向かう、なんていう旅気分を島民は楽しんでいるのです。しかし積雪ばかりは毎年予想できなくて、山岳部の道路に通行規制がかかる期間は、年によってまったく異なります。

遠くの山に雪が積もる頃、里の農産物直売所は、オレンジ色に染め上げられます。特産のポンカンからタンカンへ。それ以外にも、金柑やスイートスプリング、ハルミやデコポン。流通には乗らない多様な柑橘類が、冬のあいだじゅう、あちこちに都会では考えられないような値段で積まれています。特産品は、通販でお取り寄せもできるけど、こんなマイナーな柑橘類の食べ比べをできるのは、地元ならでは。オリジナルの詰め合わせを作って、自分用に発送するのもいいかも。

屋久島のおみやげ

YAKUSHIMA MIYAGE for GIFTS

三畳食品の「黒糖玄米ぽん」

無肥料無農薬天日干しの自家栽培米を原料にした、途方もなく贅沢なポン菓子。美しいパッケージのデザインまで自作。そのままつまんでも、グラノラ気分でナッツやドライフルーツと合わせても。

380円（税込）　Tel.0997-47-3880　E・F・G

島結の「屋久島　だし醤油の素」

小さなトビウオが瓶の中に入った「だし醤油の素」。味がなくなるまで、何度でも醤油を継ぎ足して使えます。屋久島で水揚げされたトビウオで作った焼きあごと屋久島のサバ節、鰹節と昆布入り。

800円（税別）　yarimiki509@gmail.com　B・D・E・M・N

やくしま果鈴 山のおやつ工房の「フィナンシェ・ヤクシマーノ」

見覚えのあるイラストは、この本も担当しているやまさき薫さん作。屋久島産たんかんを練り込んだ「たんかんプレーン」と「たんかんショコラ」の詰め合わせ。「屋久島茶」や「ほうじ茶」味も。

6個 820円（税込）　Tel.0997-47-3083　P87 MAP

屋久島センバスの「屋久島 タンカンサイダー」

無農薬タンカンを皮ごとしぼった、香り高いご当地サイダー。屋久島でスクーリングする通信制高校「屋久島おおぞら高校」の農園で栽培されています。予約すれば、水車が回る農園の見学も可能。

95ml オープン価格　Tel.0120-13-1083　B

誰かに話したい。誰かとシェアしたい。旅の冒険譚とともに手渡したい。
おいしくて、ストーリーのある品を集めました。家族や友達、仕事仲間に。

取扱店　A：一湊珈琲焙煎所 (P27)　B：ぶかり堂 (P50)　C：ル・ガジュマル (P53)　D：武田館 (P64)　E：ぽんたん館 (P94)
　　　　F：椿商店 (p33)　G：八万寿茶園 (p54)　H：まむずきっちん (p26)　I：スマイリー (p69)
　　　　J：樹林 (p48)　K：柴とうふ店 (p15)　L：散歩亭 (p77)　M：小屋カフェ 日と月と (p65)　N：けい水産 (p81)

塩作りのわの「屋久島 永田の塩 えん」

コンパクトで気軽なお土産として、誰にあげても喜ばれる塩。屋久島の海水を、屋久島の木々を薪として、大きな平窯でじっくりと炊き上げて作られます。ちょっと粗めの結晶は料理の仕上げにぴったり。
50g 220円（税込）Tel.0997-45-2338　B・D・E・F・H・I・J・K・L

じゃがいものおうちの「屋久島の黒豚味噌」

大きなお肉がゴロゴロ入った贅沢なおかず味噌。希少価値の高い、屋久島育ちの黒豚と自家製の麦味噌など安心素材を原料に、島の福祉作業所で作られています。ご飯のお供に、おむすびの具に。
85g 410円（税込）Tel.0997-47-3588　B・C・E・F

SMOKE CABIN ちょく.の「屋久鹿ジャーキー」

味付けは塩と黒胡椒だけ、噛みしめるほどに旨味が広がるヤクシカのジャーキー。登山の行動食にも、ハードリカーのおつまみにも。軽く炙るとさらに香り高く。スープに入れても、良いダシがとれます。
10g 500円（税別）Tel.0997-42-2772　Restaurant&Wine Bar ヒトメクリ.内 (P34)

白川茶園の「屋久のシナモン紅茶」

有機栽培の茶園が贈るフレーバードティーは、紅茶と合わせる素材までも無農薬自家栽培。シナモンの樹皮ではなく、葉を使っているので、優しくやわらかな香り。生姜やタンカン、レモングラスもあり。
2.5g×8個 1,000円（税別）Tel.0997-42-1333　A・B

for GIFTS

YAKUSHIMA MIYAGE for ME

屋久の郷「草木染め手ぬぐい」

パッションフルーツは黄色に、アマクサギの実は浅葱色に、島の植物で染めた手ぬぐいに、トビウオやシャクナゲの花など名物をデザイン。作画から染めまで、福祉事業所で手がけられています。

1,300 円（税込）〜　カフェギャラリー百水（P35）

焚キャンドルの Birth Moon Candle

「生まれた日の空に出ていた月」なんて、意識したことなかったけど、キャンドルになっている姿はとってもロマンチック。生年月日を伝えてオーダーすると、1週間ほどでできあがります。

2,500 円（税込）　P60 MAP ❶

村上ウッドワークスの「丸ノミ／チェリー／カッティングボード」

村上さんの持ち味を生かした、ノミ跡の残るカッティングボード。縞状に彫ったり、ランダムに彫ったり、各種パターンあり。長さ30cmのこのサイズが軽く取りまわしやすく、食卓にも映える。

3,000 円（税別）　（P42）

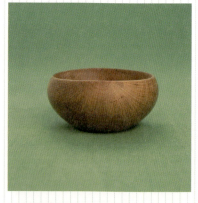

SOLMU PUUT のカシの木ボウル

希少価値の高い、島の広葉樹の器。手のひらにすっぽり収まるカシの木のボウルは、重く硬い触り心地。様々な樹種の器があるので、ひとつひとつ確かめながら、自分にしっくりくる1点を探したい。

3,800 円（税別）　（P110）

旅先での買い物は、思い出をよみがえらせる魔法。触れるたびに、使うごとに、記憶がみずみずしくよみがえります。自分への特別なおみやげを。

HONUの「夜光貝プチペンダント」
屋久島ならではの素材、夜光貝。肌なじみのいいパールピンクが、首元でゆれる。チェーンや金具は14Kゴールドフィルド。細いチェーンと高さ7mmのサイズ感が普段使いにぴったり。
7,000円（税別）　(P93)

埴生窯の「イルカの骨モチーフの掛け花入」
その姿だけでも十分美しいのに、海に流れ着いたイルカの脊椎の骨がモチーフと聞くと、厳かな気持ちに。十字に横に張り出した形が、どんな植物と合わせてもバランスよく、実用面でも優れています。
15,000円（税別）　(P76)

Pon-Pon YAKUSHIMAの
「屋久島サンダル／カステラソール」
手縫いで仕上げられた本革のサンダル。各種カラー、ソールを選ぶことが可能。「濡れても大丈夫」とは、ワンシーズン履いて実証した作り手の弁。ソールの張替えも可能で、アフターサービス万全。
8,600円（税別）　(P70)

KEI NAKAMURA JEWELLERYの
「シダの指輪」
指に植物を巻いて遊ぶ少女の空想から生まれたような姿。軸は18Kイエローゴールド、葉はプラチナ。プラチナをシルバーに替えたり、シダに降りた雨粒のように、小さなダイヤを付けることも。
90,000円（税別）　(P108)

おわりに

　島に暮らすものとして、「こんなガイドブックがあったらな」と、長年温めてきたアイデアを詰め込みました。
　島で生まれ育った人だけでなく、旅人や移住者、この島を「わたしの島」と呼ぶ多くの人々が、この島を形作っている、そんな風に感じる取材の日々でした。
　ここで紹介したスポットは、まだまだ屋久島のごく一部。すてきな場所やおいしいものは他にもたくさんあります。この本をきっかけに、それぞれの「わたしの屋久島」を見つけてください。
　また次の、幸福な出会いが生まれることを願っています。

高田みかこ　Mikako Takata

屋久島の北の港町、一湊育ちの島ライター。東京の出版社に勤務したのちUターン。現在は、宮之浦のフェリービルディングで「一湊珈琲焙煎所」と一組限定の貸しコテージ「おわんどの家」を夫婦で営む。単行本の編集、里の取材コーディネイト、WEBサイト「屋久島経済新聞」「やくしまじかん」に執筆中。
issou-coffee.com

yu-

写真家。茨城県出身。2008年に屋久島移住。雑誌・WEB撮影のほか、作品を制作し、海外の写真展にて展示される。また、2014年 Gallery KIANU を立ち上げ、オリジナルのTシャツや手ぬぐいをプロデュース。
yu-photographs.com　gallerykianu.com

取材・文	高田みかこ
撮影	yu-
デザイン	矢部綾子（kidd）
イラスト	やまさき薫
編集	浅井文子（アノニマ・スタジオ）

＊本書の情報は、2019年3月現在のものです。
　掲載の内容は変更になる場合がありますので、ご利用の際は事前にご確認ください。

\Hello!/ 屋久島

2019年3月21日　初版第1刷　発行

著者　高田みかこ
発行人　前田哲次
編集人　谷口博文

アノニマ・スタジオ
〒111-0051
東京都台東区蔵前 2-14-14 2F
TEL. 03-6699-1064
FAX 03-6699-1070

発行　KTC中央出版
〒111-0051
東京都台東区蔵前 2-14-14 2F

印刷・製本　シナノ書籍印刷株式会社

内容に関するお問い合わせ、ご注文などはすべて上記アノニマ・スタジオまでお願いいたします。
乱丁本、落丁本はお取り替えいたします。
本書の内容を無断で複製、複写、放送、データ配信などをすることは、
かたくお断りいたします。定価はカバーに表示してあります。

Ⓒ 2019 Mikako Takata, Printed in Japan
ISBN 978-4-87758-792-5 C2026

アノニマ・スタジオは、
風や光のささやきに耳をすまし、
暮らしの中の小さな発見を大切にひろい集め、
日々ささやかなよろこびを見つける人と一緒に
本を作ってゆくスタジオです。
遠くに住む友人から届いた手紙のように、
何度も手にとって読みかえしたくなる本、
その本があるだけで、
自分の部屋があたたかく輝いて思えるような本を。